Choisir, la liberté

DU MÊME AUTEUR

Éthique à l'usage de mon fils, Seuil, 1994.
Politique à l'usage de mon fils, Seuil, 1995.
Pour l'éducation, Payot & Rivages, 1998.
Dictionnaire philosophique personnel, Grasset, 1999.
Penser sa vie, Seuil, 2000.
Sur l'art de vivre, Calmann-Lévy, 2005.

Fernando Savater

Choisir, la liberté

Traduit de l'espagnol
par Serge Mestre

Ouvrage traduit avec le concours
du Centre national du livre

calmann-lévy

Titre original :
EL VALOR DE ELEGIR
(Première publication : Editorial Ariel,
Avda. Diagonal, 662-664, 08034 Barcelone, 2003)

ISBN 2-7021-3575-7

À Sara, qui m'a choisi.
Et à la mémoire de Joseba Pagaza, qui a bien choisi.

[...] le problème du choix. Exactement le problème de la vie tout entière.

Georges Perec, *Je suis né*

Nous sommes tous déterminés par le fait que nous sommes nés humains et que nous sommes par conséquent confrontés à l'obligation perpétuelle de faire des choix. Il nous faut choisir les moyens en même temps que les fins. Il ne nous est pas permis d'espérer qu'une intervention extérieure nous sauvera, ainsi devons-nous avoir parfaitement conscience de ce que nous finirons par ne plus être en mesure de nous sauver nous-mêmes si nous choisissons les solutions erronées.

Erich Fromm, *Le Cœur de l'homme*

Introduction

LE CHOIX ET LA VIE

Le sujet de ce livre est une question qui, je crois, m'obsède depuis que je possède l'usage de la raison. Mieux encore, ou bien pire : c'est la question qui a donné un sens à l'usage de ma raison et aussi celle qui m'a révélé les limites d'une telle rationalité. Pour commencer, je pourrais me contenter de la poser naïvement ainsi : qu'est-ce que la liberté ? Mais à peine formulée, elle m'échappe et se mêle à d'autres questions – il en va toujours ainsi avec les vraies questions philosophiques – qui entravent ou diffèrent une réponse immédiate : la liberté existe-t-elle réellement ? Est-ce quelque chose que je possède avant de le savoir, quelque chose que j'acquiers seulement lorsque je sais que je la possède ou quelque chose dont je dois renoncer à savoir précisément ce qu'elle est pour la posséder ? Suis-je capable de liberté ou suis-je la liberté et par conséquent capable d'être humain ? Et tant d'autres questions : trop de questions. Par optimisme ou par paresse, je me suis dit que, les années passant, l'expérience me fournirait les réponses, voilà pourquoi j'ai différé la rédaction de cet essai, que je considère comme le noyau essentiel de tout ce que j'ai écrit. Mais aujourd'hui, je sais que ni le temps ni l'espace ne parviennent jamais à dissiper nos doutes. Il est inutile de remettre au lendemain ce qui demain me sera toujours aussi difficile ou aussi impossible à réaliser. C'est pourquoi, toujours privé d'une réponse concluante, je me décide à y substituer une tentative de réponse. Ce sera le premier et le plus décisif des choix dont je parlerai dans les pages qui suivent.

Dans la plupart des cas, lorsque les philosophes s'acharnent à chercher l'« essence » d'un « concept », en réalité ils tentent de donner une définition complexe et complète d'un mot en particulier. Platon fut avant tout le père de la sémantique, ou tout au moins d'une sorte de sémantique transcendantale. La difficulté réside en ce que l'« essence » de chaque mot est aussi formée de mots et que les mots qui précisent l'essentiel d'un terme spécifique sont rarement plus faciles à définir que celui-ci. De telle sorte que de nouvelles recherches, non moins essentielles ni moins sujettes à une élucidation sémantique, s'imposent. C'est à partir de ces enchâssements, toujours plus complexes, entre les définitions des termes et celles servant à définir, qu'ont surgi les systèmes philosophiques : des constructions mentales souvent risibles, mais quelquefois intellectuellement passionnantes (et parfois les deux), dont le meilleur exemple moderne est la *Grande Logique* de Hegel, le discours d'un Dieu qui, avant de créer le monde, a pensé que le plus urgent serait de savoir ce qu'il était en train de dire et non ce qu'il était en train de faire. Si l'on excepte quelques épigones sympathiquement pathologiques, nos philosophes contemporains ont finalement renoncé à d'aussi vastes desseins. Aujourd'hui, il ne reste plus de dogmatiques de la définition irréfutable des essences que parmi certains représentants de ce qu'on appelle les sciences sociales (sociologues, anthropologues et économistes), et ils le sont en général par naïveté.

Nous résignerons-nous à faire des tentatives de définitions qui, bien qu'enrichies et vitaminées du mieux possible, acceptent de déboucher sur d'autres voix considérées comme établies ou connues, autrement dit *abandonnées* au sens commun sans espoir de recherches ultérieures ? Cependant, même cette façon d'agir ne nous garantirait pas un début de repos. Comme Nietzsche l'a irréfutablement expliqué en son temps, seuls les termes en marge de l'histoire – dans la mesure où un tel miracle deviendrait possible – admettent une définition quelque peu convaincante. De telle sorte que nous pouvons assez bien définir ce qu'est le nombre deux, mais pas ce qu'est la démocratie ou la justice. Et la malchance veut – *ma* malchance, dans ce cas – que la « liberté » soit précisément un des concepts les plus historiquement surchargés. Le terme, sous ses variantes les plus diverses, a été utilisé pour désigner la condition sociale d'individus qui n'étaient pas victimes de l'esclavage ou celle de citoyens vivant dans une *polis* non soumise à l'arbitre d'une autre *polis*, mais aussi pour nommer la capacité de l'esprit à se rebeller ou à respecter la Loi de Dieu, ou pour se réjouir de l'absence de contrainte chez le sujet agissant, pour établir des droits politiques ou économiques, pour exalter la créativité de l'artiste et pour différencier certaines nations soumises à un régime capitaliste d'autres nations du monde victimes d'un capitalisme d'État, etc. Trop de situations qui empoisonnent ceux qui aimeraient s'en tenir confortablement à une seule formule facile d'utilisation.

Comme chacun le sait, les problèmes insolubles n'ont que de mauvaises solutions : dans le cas qui nous préoccupe, il faudrait opter soit pour un dogmatisme qui trancherait en simplifiant, soit pour un scepticisme qui hausserait les épaules avant de renoncer. Mais comme répondit Érasme à ceux qui le pressaient de choisir entre le pape de Rome et Luther, « ne navigue pas si mal qui passe à égale distance de deux maux ». La navigation de ce livre tentera donc de suivre une route semblable, sans vraiment craindre – et même en se résignant activement à l'accepter – un plus que probable déroutement. Dans la première partie, la plus conceptuelle et la moins historique, il s'agira d'essayer de jeter les bases d'une anthropologie de la liberté : ou plus précisément, sans doute, d'une anthropologie *à partir* de la liberté, c'est-à-dire en considérant que la liberté est ce qui distingue spécifiquement le genre humain. Étant donné que le terme lui-même est si surchargé de connotations inextricables, je tente de retarder le plus longtemps possible son entrée en scène, et je commence donc par marauder autour de lui avec des questions sur le choix, sur ce qui est volontaire ou involontaire, sur l'intention, sur le hasard, etc. C'est ce que nous pourrions appeler « le procédé Dents de la mer », en l'honneur du film génial de Spielberg qui présentait longuement le monstre à travers une caméra subjective et une musique inquiétante, montrant des victimes, des taches de sang et de faux squales pour enfin dévoiler le requin dans toute sa splendeur perverse.

La seconde partie de ce livre consistera en un bref répertoire de choix libres et argumentés, destinés à *engager* les abstractions de la première partie dans la situation que nous vivons aujourd'hui. Je tente en quelque sorte de proposer des exercices de liberté qui, dans chacun des cas, me semblent être en opposition avec les actions routinières et asservissantes que notre père Sartre appelait « le pratico-inerte ». Je n'ai pas la prétention d'affirmer que la superposition des deux moitiés de ce capricieux casse-croûte soit parfaitement satisfaisante : je me contenterais volontiers du fait qu'il fût plausible dans le détail et suggestif dans l'ensemble. C'est-à-dire qu'il fût non pas une incitation à fermer le chapitre de ce qui a déjà été pensé, mais une incitation à continuer à penser et à repenser encore et toujours. Comme je l'ai dit à diverses reprises, la philosophie n'a jamais été pour moi une réponse définitive qui nous permettrait de ne plus avoir de doutes, mais plutôt un stimulant qui nous pousse à les affronter et, en l'absence de certitudes absolues, nous donne l'occasion de vivre dans une intelligente dignité.

Première partie

ANTHROPOLOGIE DE LA LIBERTÉ

Chapitre premier

LE PRINCIPE DE L'HOMME

L'homme ne vit pas, il *dirige* sa vie.

Arnold GEHLEN

Au début de son œuvre fondamentale, vaste et inégale, intitulée *Der Mensch : seine Natur und seine Stellung in der Welt*[1], Arnold Gehlen fait une observation importante à propos de l'image que les hommes se font d'eux-mêmes et de leur position spécifique parmi les autres êtres. À la question sur l'origine de l'homme, il avance deux réponses : « La première consiste à dire que l'homme est issu de Dieu et l'autre qu'il est issu de l'animal. La première n'est pas scientifique et la seconde, nous allons le voir, est plus qu'équivoque et cela précisément d'un point de vue scientifique. Il est par ailleurs curieux que ces deux points de vue aient un présupposé commun, à savoir que l'homme ne peut être compris en lui-même ; qu'on ne peut le décrire ou l'interpréter qu'à

1. « L'homme : sa nature et sa position dans le monde. » Les références complètes figurent dans la bibliographie générale à la fin de ce livre. *(N.d.T.)*

partir d'autres catégories extrahumaines. » Ou bien l'homme est une créature fabriquée par Dieu à son image et à sa ressemblance, c'est-à-dire un parent divin mais déchu et par conséquent indigent, un sous-dieu en somme... ou bien c'est un singe qui a évolué jusqu'à obtenir un succès époustouflant par rapport à ses autres congénères et qui serait devenu un superanimal. Les deux perspectives partent du non-humain pour arriver à l'humain, soit en retranchant, soit en rajoutant des qualités. Apparemment, l'homme ne peut être compris à partir de quelque concept ou de quelque catégorie qui lui soit spécifiquement propre.

Mais laissons Dieu ou les dieux de côté : comme point d'arrivée en philosophie, ils ne sont pas très convaincants et comme point de départ ils sont carrément intolérables. Et différons un instant l'examen de notre parenté zoologique que, d'une façon ou d'une autre, il nous faudra bientôt évoquer. Considérons l'homme en lui-même. Qu'est-ce qui le définit ? Gehlen prétend que c'est un être *praxique*, c'est-à-dire un être qui *agit*. Qui veut faire des choses et qui fait les choses qu'il veut. Mais cette caractéristique ne semble pas très distinctive. N'est-ce donc pas l'« activité » qui caractérise tous les êtres vivants ? Est-ce que « vivre » ce n'est pas toujours, d'une certaine façon, « agir » ? Cependant Aristote, dans son *Éthique à Nicomaque*, assure catégoriquement que les animaux « n'agissent pas » (« *ta theria... praxeos me koinoein* »). Ainsi donc, « agir », ce doit être autre chose que s'alimenter et se reproduire, que chercher un refuge ou fabriquer des terriers, que chasser ou se déplacer pour trouver la chaleur du soleil ou des eaux plus tempérées. « Agir », ce n'est pas seulement se mettre en mouvement pour assouvir un instinct, mais plutôt mener à son terme un projet qui transcenderait ce qui est instinctif jusqu'à le rendre méconnaissable ou suppléer à ses carences. Les actions ont quelque chose à voir avec des conceptions de situations virtuelles qui n'ont pas lieu sur l'instant, avec le registre symbolique de possibilités qui ne se limitent pas à l'exécution de paradigmes établis par le passé, mais qui au contraire s'ouvrent sur des futurs inédits et même divergents. L'action est liée à la prévision mais aussi à l'imprévu : c'est tenter de prévoir en jouant avec l'imprévisible, tout en pariant sur son incertitude. C'est sans doute une façon entreprenante de répondre aux urgences et aux sollicitations de la réalité plurielle, mais c'est aussi une façon de l'explorer et de découvrir en son sein des aptitudes encore inaccomplies. L'être actif n'agit pas seulement à cause de la réalité, mais *il active la réalité elle-même*, il la met en route d'une façon qui, sans lui, n'aurait jamais pu se produire.

S'il s'agit en réalité de trouver non pas l'origine de l'homme (dans son sens physique, zoologique), mais son *principe* (autrement dit cette chose à partir de laquelle il commence à être un homme), sans aucun doute ce principe se trouve dans l'action, c'est-à-dire dans une intervention sur le réel qui sélectionne, planifie et invente. L'action – au sens humain et humanisant que nous donnons ici à ce terme – est le contraire de la réalisation d'un *programme*. Les règles végétatives et les instincts se présentent comme des programmes, les roses et les panthères sont « programmées » pour être ce qu'elles sont, pour agir comme elles agissent et pour vivre comme elles vivent. Nous aussi, les êtres humains, sommes programmés, mais dans une mesure tout à fait différente : notre structure biologique répond à des programmes stricts, mais pas notre aptitude symbolique (dont dépendent nos actions). Disons que nous, les êtres humains, sommes programmés en tant qu'« êtres », mais pas en tant qu'« humains ». Nous recevons dans notre dotation génétique la capacité innée de mener à bien des comportements non innés.

La différence entre les êtres vivants totalement programmés et les êtres humains seulement en partie programmés peut sembler quantitativement minime, mais elle constitue un saut qualitatif radical. C'est à cela que l'on doit les confusions actuelles et réitérées concernant la signification des similitudes génétiques entre l'homme et certains autres animaux. On nous explique, de façon irréfutable, que la différence génétique qui nous distingue d'un chimpanzé est minime (moins de cinq pour cent) et que celle qui nous écarte du porc ou du ver de terre n'est guère plus significative. Certains se sentent accablés face à une telle considération zoologique et d'autres s'en félicitent, comme si l'on apportait une correction scientifique à l'orgueil injustifié de notre espèce. N'importe quel appel à la modestie doit toujours être le bienvenu (surtout s'il s'adresse à ceux qui se vantent d'appartenir à une ligne généalogique acquise sans effort et sans mérite personnel), mais ce qui est certain, c'est que la conclusion la plus évidente de cette étude devrait plutôt être – vu nos différences radicales avec les chimpanzés, les porcs et les vers de terre – que la dotation génétique ne semble pas être la chose la plus décisive dans l'établissement de la condition humaine. Plus on tentera de démontrer notre continuité génétique avec certains autres animaux, et plus il deviendra évident que notre flagrante discontinuité dans le domaine des actions a de fortes chances de venir d'éléments non identifiables dans l'ADN. Cette conclusion n'a d'ailleurs pas à conforter ou à affaiblir l'autocélébration des réussites humaines, mais elle permet indéniablement de relativiser en elles l'importance de l'influence génétique. L'être humain possède une programmation de base – biologique – en tant qu'être vivant, mais il doit s'autoprogrammer en tant qu'humain. Parfois, cette autoprogrammation humanisante suppose une certaine « déprogrammation » animale. À la différence de certains autres vivants, l'homme n'est pas totalement programmé par les instincts, et il joue même fréquemment contre eux au moyen de sa « contre-programmation » symbolique... Et même si nous le comparons à ses congénères zoologiques les plus proches, celui-ci nous donne un sentiment d'ouverture, d'inachèvement : en résumé, d'extrême *disponibilité*. Et c'est précisément cette disponibilité qui constitue l'énigme de la chose humaine, mais aussi le paradoxe de la doctrine de l'évolution. Arnold Gehlen enfonce pertinemment le clou à propos de cet aspect, qui avait déjà été repéré par Max Scheler dans son bref et célèbre essai *La Situation de l'homme dans le monde*.

Quelle est la différence fondamentale, organique, entre l'être humain et n'importe quel autre animal ? C'est l'absence quasi absolue de *spécialisation* quelle qu'elle soit. Ce qui est prodigieux dans la constitution des animaux, et qui conduit les esprits candides à proclamer d'édifiantes litanies sur la sagesse de mère Nature (notons au passage qu'on peut la dire « savante », mais même les plus naïfs ne s'aventurent jamais à déclarer qu'elle soit « tendre » ni même « douce »), c'est le niveau d'adéquation physiologique qu'ils sont capables d'atteindre pour effectuer certaines tâches ainsi que pour vivre dans certains milieux. Toutes les bêtes sont de puissants spécialistes en investissements exigeants et excluants, que ce soit sauter, mordre, déchiqueter, se nourrir de résidus, supporter des températures très élevées ou extrêmement basses, procréer dans les pires conditions, faire des nids sur l'impossible, etc. En zoologie, les études anatomiques font toujours des descriptions minutieuses d'instruments de haute précision. L'œil devient un microscope (bien qu'à cause de cela, il cesse de voir à une certaine distance), les extrémités servent à grimper (mais pas à marcher) ou à nager (et hors de l'eau elles se traînent lamentablement), la mandibule acquiert une exceptionnelle force triturante (même si cela implique une diminution de la capacité crânienne dont auraient bien besoin les muscles), la patte est capable d'aplatir la tête de n'importe qui (mais pas de jouer du piano), etc. En revanche, on ne trouve pas chez l'être humain cette hyperspécialisation : les membres, les organes et les sens sont beaucoup moins élaborés pour effectuer des tâches spécifiques, mais ils s'adaptent mieux ou moins bien pour accomplir une série de commandes *imprévues*.

Dans le supermarché de la vie, presque tous les animaux semblent appartenir à la technologie de pointe, ils semblent être des outils très finement calibrés pour réaliser telle ou telle tâche dans un milieu écologique bien défini. Et comme cela se produit avec certains autres instruments du même type, ils servent parfaitement à ce dont ils doivent servir, *mais à rien d'autre*. Dès que les circonstances ou les paysages changent, ils s'étiolent et inexorablement se délitent. Les êtres humains, en revanche, sont anatomiquement indigents, ils souffrent d'une conception bâclée et sans adéquation précise, mais ils supportent les changements et compensent leurs limites grâce à leur activité inventive. Ils font de la nécessité une vertu et transforment leur *imprécision* essentielle en stimulant et en faculté flexible d'adaptation. Michel Serres résume ainsi ce que nous venons d'exposer : « Le mot espèce répète le terme spécialisation. À l'inverse, nos organes se déspécialisent. Par rapport au sabot des ruminants, à la pince du crabe, au tentacule de la pieuvre, la main, non spécialisée, finit par tout faire, tenir un marteau, conduire une charrue, jouer du violon, caresser, faire signe... Par rapport au bec des oiseaux, à la gueule du requin, au museau du chien, la bouche, non spécialisée, finit par tout faire, mordre, certes, mais baiser, siffler, parler mille langues. Ainsi, nous pouvons quitter nos niches spéciales et nous ouvrir à l'espace global. Au lieu d'habiter une localité, l'humain, dédifférencié, indifférent même, osons le dire, hante le monde, y voyage et, du coup, débordant le présent immédiat, entre dans un temps différent » (« Le temps humain », dans *Qu'est-ce que l'humain ?*).

Ces caractéristiques des êtres humains mettent en évidence une certaine contradiction à propos de la vision populaire de l'évolution des espèces. En général, on considère que l'homme provient – au terme d'affinements progressifs – d'une espèce animale plus grossière et, pour ainsi dire, moins bien conçue. Nous avons tous mille fois vu cette animation pédagogique qui montre d'abord un quadrupède, ensuite un chimpanzé un peu plus érigé, puis un anthropoïde déjà plus présentable, et enfin un cousin encore un peu accroupi mais avec des traits néandertaliens, etc., jusqu'à arriver, avec la dernière image, à un gentleman parfaitement correct marchant élégamment, et arborant cravate et chapeau. Mais le chemin évolutif – s'il n'est pas trop théologique de s'exprimer ainsi – semble suivre une direction pratiquement opposée. Les animaux supérieurs (et en particulier les anthropoïdes qui nous ressemblent le plus) sont définis d'une façon bien plus précise et efficace que les humains. Ils ont développé de meilleures armes, des muscles plus adaptés, des capacités mieux déterminées. Ils sont moins *ambigus* que nos congénères. De la même façon que le fœtus ou le nouveau-né sont plus *imprécis* dans la plupart des aspects que l'adulte pleinement développé (en ce qui concerne son identité sexuelle, l'utilisation de ses extrémités et la faculté différenciée de ses organes), les êtres humains sont moins bien définis dans n'importe quel domaine qu'un de ces singes anthropoïdes dont nous sommes zoologiquement si proches.

Si l'évolution va de ce qui est ébauché à ce qui est précis, de l'indéterminé à la spécialisation efficace, alors un chimpanzé ou un babouin sont plus évolués qu'un être humain, rien de moins... Certaines caractéristiques *fœtales* et une perpétuelle indétermination puérile demeurent continuellement chez l'homme : nous sommes une espèce qui aurait moins « grandi » que les autres, qui serait moins réglée dans son développement. Nous avons été tirés trop tôt du four évolutif et nous ne sommes qu'à moitié cuits... Nous vieillissons sans jamais perdre tout à fait notre apparence de simple ébauche, de note inachevée, notre adolescence intrinsèque. On a nommé cette caractéristique la « néoténie » et l'on est en droit de supposer que notre succès en tant qu'espèce en dépend, si tant est que l'on puisse qualifier de « succès » l'histoire humaine et notre hégémonie sur la plupart des autres êtres naturels. Et cependant... peut-il y avoir un succès avec un « pourquoi » mais sans « pour quoi » ?

Indéterminés en ce qui concerne le museau, les muscles, les pattes, les êtres humains ont en revanche un organe extrêmement développé qui permet des prestations multiples et sophistiquées : il s'agit du cerveau. Bien que mal dotés en ce qui concerne les règles de conduite instinctivement codifiées et l'adaptation à des environnements déterminés, nous sommes pourvus de l'instrument le plus apte à improviser et à inventer face aux urgences du réel. Le cerveau est l'organe spécifique de l'*action* : il connaît, délibère, valorise et décide. Stimulé par nos défaillances et nos insuffisances, il fonctionne afin d'y pallier et de s'en faire des atouts. Les êtres vivants, qui ont le plus évolué dans leur parfaite adaptation à un certain type de vie et à un milieu écologique, ont tellement avancé dans une direction déterminée qu'ils ne parviennent plus à changer de cap ni à trouver de route alternative. Ils n'ont pas besoin de réfléchir car ils réussissent toujours automatiquement... jusqu'au jour où les circonstances changent et ils ratent alors sur toute la ligne. Depuis son imprécision, l'être humain commet sans cesse des erreurs, mais il apprend grâce à celles-ci et corrige en permanence sa trajectoire vitale. Car l'autre fonction du cerveau, c'est d'emmagasiner l'information acquise à partir de l'expérience, de la codifier en symboles abstraits et de la transmettre au moyen du langage. La vie humaine perpétue le trait caractéristique de l'enfance : l'apprentissage, la formation continue. Nous ne sommes pas déterminés à vivre dans un paysage particulier, ni sous un climat précis, mais plutôt à vivre avec nos semblables qui nous enseignent et nous viennent en aide. L'environnement naturel spécifique des êtres humains, c'est la *société*.

La condition agissante de l'homme (son caractère « praxique » selon la terminologie de Gehlen) offre le concept propre et adéquat à partir duquel il peut définir son origine et sa différence spécifique. L'origine de l'être humain, c'est l'action. Comme l'explique Aristote en procédant à une distinction entre *praxis* et *poiêsis*, l'action n'est pas la fabrication d'objets ou d'instruments, elle est créatrice de l'humanité. La *praxis* est *autopoiêtique* : la principale industrie de l'homme c'est de s'inventer lui-même et de s'attribuer une forme. Cette perspective, fondamentale dans l'idée *dynamique* que l'être humain se fait de lui-même, avait déjà une importance centrale dans la façon dont Jean Pic de la Mirandole pose le problème de la *dignité* humaine dans sa célèbre *Oratio de hominis dignitate*, que certains considèrent un peu comme le manifeste de l'humanisme de la Renaissance. D'après Pic de la Mirandole, Dieu a situé chacun des êtres à un endroit parfaitement approprié sur l'échelle des vivants qui va en décroissant, de la sublime agilité des anges jusqu'au battement de cœur amorphe de l'huître. Au sein de cette hiérarchie, chacun peut atteindre sa perfection en restant ce qu'il est, ni plus ni moins. Mais Dieu a créé l'homme sans lui attribuer d'endroit précis sur cette échelle, comme si c'était une pièce mobile au sein d'un ensemble de figures serties, tout à fait capable d'aller vers le haut comme d'atteindre le degré le plus bas de l'échelle, c'est-à-dire susceptible d'*agir*. C'est un « magnifique caméléon » qui peut adopter les apparences les plus variées ou inattendues. Voici le discours par lequel la divinité atteste cette faculté unique : « Je ne t'ai donné ni place déterminée, ni visage propre, ni don particulier, ô Adam, afin que ta place, ton visage et tes dons, tu les veuilles, les conquières et les possèdes par toi-même. La nature enferme d'autres espèces en des lois par moi établies. Mais toi, que ne limite aucune borne, par ton propre arbitre, entre les mains duquel je t'ai placé, tu te définis toi-même. Je t'ai mis au milieu du monde, afin que tu puisses mieux contempler autour de toi ce que le monde contient. Je ne t'ai fait ni céleste ni terrestre, ni mortel ni immortel, afin que, souverain de toi-même, tu achèves ta propre forme librement, à la façon d'un peintre ou d'un sculpteur. Tu pourras dégénérer en formes inférieures, comme celles des bêtes, ou, régénéré, atteindre les formes supérieures qui sont divines. » La dignité de l'homme, c'est d'être cocréateur, en même temps que Dieu, de soi-même, en complétant et en reformulant ce que la divinité a ébauché. Sa perfection ne consiste pas à accomplir le programme déterminé de son être, mais plutôt à l'inventer et à l'orienter vers le meilleur... C'est la nature (ou le *Deus sive Natura*) qui agit à travers les autres êtres, dont le destin est en sûreté et bien protégé en son sein, tandis que l'homme *agit* par lui-même en prenant ses propres risques au sein de la nature.

D'indéniables résonances du problème posé par Jean Pic de la Mirandole se font entendre des siècles plus tard, à l'époque des Lumières, en France, à travers la doctrine de Rousseau à propos de la *perfectibilité* humaine, sur laquelle se fonde la possibilité de l'éducation mais qui présente, en contrepartie, l'inévitable risque de corruption humaine, de dégradation de l'originel et irrécupérable état de nature. Une des reprises contemporaines les plus curieuses du discours de la Renaissance à propos de la dignité humaine se trouve dans le premier des *Sonnets de Chine* de W. H. Auden. Après avoir expliqué comment les différentes créatures de la nature (l'abeille, la truite, la pêche...) reçurent dès la première heure leur être définitif et comment elles furent satisfaites « de connaître leur place et d'avoir à jamais raison », il poursuit ainsi :

Jusqu'au jour où survint une puérile créature
À qui les ans pouvaient prêter tous les aspects,
Feignant, selon le cas, léopard ou colombe,

Que le vent le plus doux secouait avec rudesse,
Qui recherchait le vrai, mais se trompait toujours,
Jalousant ses rares amis, choisissant ses amours.

Ce qui est très intéressant, c'est qu'Auden souligne le caractère « enfantin » de l'être humain, c'est-à-dire curieux et expérimentateur. La formule suivante de Karl Kraus est valable en anthropologie plus que dans n'importe quel autre domaine : « Notre but, c'est notre origine. »

Ajoutons pour finir que cette perpétuelle adolescence humaine dote également l'espèce d'une ténacité singulière, d'une obstination quelquefois admirable et parfois redoutable. Dans sa superbe méditation littéraire *Terre des hommes*, Antoine de Saint-Exupéry raconte la terrible péripétie d'un ami aviateur qui, au milieu d'une effroyable tempête de neige, disparaît dans les Andes. Tout le monde pense qu'il est définitivement perdu : même à supposer qu'il ne soit pas mort lorsque son avion est tombé, qui pourrait survivre à l'atroce nuit des sommets transformés en glace ? Mais le pilote réapparaît sept jours plus tard, après avoir marché parmi les abîmes et les parois verticales couvertes de glace, pendant des journées presque inimaginables. Se rappelant sa femme et ses amis, conscient du devoir imposé par le courrier qu'il transportait dans son appareil, il se refusait à la tentation de s'allonger sur la neige pour mourir en paix. Saint-Exupéry le rencontre enfin à nouveau et « c'est alors que tu exprimas, et ce fut ta première phrase intelligible, un admirable orgueil d'homme : "Ce que j'ai fait, je te le jure, jamais aucune bête ne l'aurait fait" ».

Chapitre II

INCERTITUDE ET FATALITÉ

> Y a-t-il lieu de délibérer sur tous les sujets ? Tout est-il objet de délibération ? Ou bien, dans quelques cas, la délibération n'intervient-elle pas ?
>
> ARISTOTE

Chez les humains, l'action n'est pas une aptitude optionnelle, mais une nécessité essentielle dont dépend notre survie en tant qu'individus et en tant qu'espèce. Nous avons certes la possibilité de choisir comment et quand agir, mais nous sommes forcés d'agir : dans ce domaine, il n'existe pas de choix possible. Ainsi que nous l'avons démontré dans le chapitre précédent, nous ne sommes ni déterminés ni programmés instinctivement de telle sorte que nous puissions nous dispenser d'agir. Lorsque vient le moment d'agir, nous avons un large éventail de choix, mais de façon générale nous ne pouvons pas opter pour choisir ou ne pas choisir, entre agir ou ne pas agir. Sartre a affirmé que nous sommes *condamnés* à la liberté, ce qui est une façon quelque peu truculente d'expliquer que c'est l'action qui définit l'homme. Quant à la liberté... Pour l'instant, nous allons tenter d'avancer le plus loin possible dans cette analyse anthropologique sans avoir recours à un concept aussi ambigu et explosif. « C'est un de ces détestables mots, a expliqué Paul Valéry dans *Regards sur le monde actuel*, qui ont plus de valeur que de sens ; qui chantent plus qu'ils ne parlent ; qui demandent plus qu'ils ne répondent. » Ainsi donc, nous ne parlerons de « liberté » que lorsque nous ne pourrons vraiment plus faire autrement.

Les animaux vivent sans s'être proposé de le faire alors que nous, les humains, devons nous proposer des plans et des styles de vie pour pouvoir vivre. L'homme a besoin d'un *symbole pratique* de ce qu'il est et de ce qu'il fait pour pouvoir être et faire. En général, ce symbole pratique n'est ni privé ni individuel ou monoplace, car en réalité nous le partageons avec beaucoup d'autres, nous le recevons de ceux qui nous ressemblent et nous le transmettons à ceux que nous aimerions voir nous ressembler : chaque symbole pratique de la vie désirable constitue un lien social, une « religion » (au sens de *religare*, établir une union ou un lien interpersonnel codifié à caractère virtuel). Aucun être symbolique – ou « linguistique », si l'on préfère – ne peut vivre sans une religion, et sans religions. Toutes les actions humaines, sauf celles qui tentent de soulager des manques biologiques immédiats, appartiennent à une certaine forme de *culte*. La société des hommes – l'environnement naturel dans lequel nous existons – est une pourvoyeuse et une fidèle gardienne de cultes qui renferment une orientation pratique vitale et qui créent des modèles d'orthodoxie humaine collective, à leur tour sans cesse modifiés ou même radicalement transformés par de séduisantes hérésies individuelles. Le langage est le tapis volant symbolique qui permet cette perpétuelle façon de survoler activement la réalité pour tenter de devenir pleinement réel. Sans jamais y parvenir tout à fait, bien entendu : le perpétuel inachèvement dans la réalisation, l'insurmontable « au-delà » que tout symbole favorise et maintient entrebâillé est l'essence même de notre condition humaine, qui cesserait de l'être (ou deviendrait pour nous méconnaissable) si nous pouvions la considérer définitivement accomplie. Comme l'a d'abord expliqué saint Augustin, puis tant d'autres après lui, ce qui caractérise le cœur de notre cœur, c'est l'*inquiétude*. Inquiétude : cela veut dire que la routine instinctivement apaisante – même embellie par des succès partiels – *ne suffira jamais* à nous permettre de continuer à vivre humainement. Être humain c'est chercher sans cesse et toujours la formule de la vie humaine.

Comment agissons-nous ? Autrement dit : comment traçons-nous les plans et fixons-nous les gestes qui devront rendre effectif, au cas par cas, notre idéal pratique ? Pourquoi dirigeons-nous ou incarnons-nous plutôt symboliquement qu'instinctivement nos vies, alors que bien entendu nous ne les créons jamais de façon inconditionnelle à partir du néant ? L'indétermination qui nous permet de demeurer relativement disponibles ne doit pas être confondue avec quelque omnipotence divine apte à détruire les obstacles qui s'opposent au désir, avant même que celui-ci n'ait eu le temps de se manifester. Il est absurde et impensable de tenter d'imaginer un Dieu personnel (autrement dit, un anthropoïde infini et éternel), en effet nous serions alors forcés d'accepter un Quelqu'un n'agissant jamais sur le réel, créant sans cesse *ex nihilo* et privé de toute volonté étant donné que pour Lui le fait de vouloir, celui de décider, puis d'obtenir, représentent exactement la même chose... et nous ne savons même pas dans quel ordre tout cela se passe ! Malgré la qualité de cocréateurs que nous attribue Pic de la Mirandole dans son *Oratio de hominis dignitate*, le déroulement de l'action humaine est fondamentalement différent de l'incompréhensible façon dont le divin joue et interprète son rôle. Disons que Dieu propose et dispose à la fois (c'est l'avantage, disent certains, de n'exister que dans l'illusion !) tandis que nous, les êtres humains, proposons mais ne disposons que très relativement, car nous sommes toujours soumis à l'incertitude de ce qui pourrait se révéler indisponible.

Dans l'action humaine, la connaissance de ce dont on n'a pu disposer, les possibilités dont nous pensons disposer et la décision que finalement nous prenons interviennent conjointement. Ludovico Geymonat établit ainsi ces trois éléments constitutifs fondamentaux, dans le deuxième chapitre de son opuscule *La libertà* : « l'état de choses d'où part l'individu, l'ensemble des initiatives compatibles avec cet état de choses et l'action volontaire par laquelle l'individu décide d'en choisir une ». Attardons-nous un instant sur chacun de ces trois éléments et tentons de les préciser. D'abord, l'état de choses d'où part l'individu, c'est la situation effective de l'univers telle qu'elle se présente à celui qui tente de la comprendre alors qu'il ne la régit pas et n'en est pas responsable. Ce sont les lois et les fonctions de ce qui existe déjà et que nous avons tenté de codifier même si nous sommes parfaitement conscients qu'elles ne dépendent absolument pas de notre arbitre. Mieux nous les comprendrons et mieux nous pourrons les utiliser : mais nous n'avons pas la possibilité de les réfuter ou de les ignorer comme bon nous semble. En deuxième lieu, l'ensemble des initiatives compatibles avec cet état de choses, c'est-à-dire ce que nous pourrions faire dans de telles circonstances... selon notre désir. Se mêlent à elles les possibilités douteuses que nous désirons, avant même d'être certains que chacune d'elles soit réellement possible. Elles constituent l'éventail des offres déjà vérifiées ou inventées dont nous disposons lorsque vient le moment d'agir. Nous pouvons imaginer qu'elles visent toutes à réaliser un des aspects de nos idéaux pratiques, de ces symboles dynamiques de notre être et de notre vouloir que nous avons déjà évoqués. En troisième lieu, l'action volontaire qui opte pour l'une de ces alternatives et tente de la réaliser. Sauf erreur de ma part, c'est au cours de cette dernière étape – au cours du choix proprement dit – que démarre le moteur de l'action humaine. Car agir requiert évidemment de la *connaissance* (pour savoir aussi parfaitement que possible comment se présentent les choses et quelles sont leurs natures) et de l'*imagination* (pour concevoir virtuellement les projets compatibles avec la nature des choses afin de leur permettre de réaliser nos divers – et quelquefois opposés – idéaux pratiques), mais agir c'est surtout faire preuve de *décision* par rapport à ce qui *va* se faire, en choisissant parmi les projets du menu ce qui apparemment *peut* être fait. Agir c'est essentiellement choisir et choisir c'est conjuguer de façon adéquate la connaissance, l'imagination et la décision dans le champ de ce qu'il est possible de faire (en revanche, il n'existe pas de délibération à propos de ce qui est impossible, car comme l'a déjà montré Aristote : nous ne pouvons pas « choisir » d'être immortels...).

Cette conjonction d'éléments est indispensable pour que l'action soit proprement ce qu'elle est, à savoir : volontaire. Dans le livre III de son *Éthique à Nicomaque*, Aristote a fait une analyse très détaillée de ce qui est volontaire. Il explique que la violence et l'ignorance, par exemple, affectent le caractère volontaire de l'action. (« Si donc l'action involontaire est celle qui résulte de la violence ou de l'ignorance, ce qui est volontaire semble être ce dont le principe se trouve dans l'agent qui connaît toutes les circonstances particulières de l'action. ») Je pense cependant que ces deux restrictions doivent être relativisées, sans que l'on puisse affirmer que, dans tous les cas, elles invalident radicalement notre rôle comme sujet de l'action. Si nous agissons par ignorance, autrement dit sans une connaissance suffisante ou avec une appréciation erronée de l'état de choses sur lequel nous allons intervenir, il est juste d'affirmer que notre action n'est pas totalement volontaire : nous faisons ce que nous savons faire, mais nous ne savons pas tout à fait ce que nous faisons. Si nous l'avions su davantage ou mieux, il est à supposer que nous aurions agi autrement. Mais cela dit, cette déficience n'annule pas totalement le caractère volontaire de notre décision. S'il en était autrement, le champ de nos actions volontaires s'en trouverait prodigieusement réduit car nous ne possédons presque jamais une connaissance pleine et pleinement fiable des circonstances passées, présentes et à venir dans lesquelles notre activité va s'inscrire. Nous agissons en connaissant certaines choses, en ignorant d'autres choses non moins intéressantes et en nous appuyant sur des notions souvent partielles ou complètement erronées. Mais ce n'est pas pour cela que, dans la plupart des cas, nous pouvons nous dispenser d'agir. Dans le livre que nous avons précédemment cité, Arnold Gehlen rappelle que « Kant avait déjà repéré ce paradoxe (d'un point de vue rationaliste), que nous pouvons exprimer de la façon suivante : *la nécessité d'agir est plus importante que la possibilité de connaître* ».

Nous agissons donc à partir de ce que nous connaissons et malgré ce que nous ignorons ou ce que nous savons mal. Pour certaines options bien précises, l'ignorance est décisive et nous pouvons affirmer qu'elle invalide complètement le caractère volontaire de notre geste : par exemple si en tentant d'étancher ma soif, j'avale un verre d'eau empoisonnée que je crois saine et pure, comme cela se produit à la fin de *Hamlet*. Mais dans d'autres occasions, je dois agir à partir de probabilités et de certitudes discutables, comme lorsque je prends une position politique ou que je décide de me marier. Ces choix sont volontaires, mais ils doivent assumer une part d'*incertitude* et donc le non-volontarisme dans lequel ils vont tomber en se réalisant. Nous agissons à partir de connaissances immédiates dont nous mesurons parfaitement les limites et c'est pour cela que notre choix volontaire inclut également le risque partiel de non-volontarisme par ignorance... Notre connaissance est incomplète, mais notre vocation à agir ne peut être indéfiniment ajournée. Et c'est précisément ce que notre volonté sait le mieux.

D'après Aristote, l'autre obstacle au volontarisme de l'action, c'est ce qui nous oblige à agir d'une certaine façon plutôt qu'une autre, c'est-à-dire ce qui restreint l'éventail des alternatives possibles et conditionne (ou remplace) notre décision. Il est certain en tout cas que si l'on coagit avec nous de telle façon qu'il nous est impossible de choisir (comme le prisonnier qui, les mains liées, est forcé de se jeter à la mer depuis une planche de bois, aiguillonné dans le dos par le sabre du pirate), l'action cesse d'être volontaire... et probablement qu'elle ne peut même pas être considérée comme une « action » humaine authentique ! Mais la chose est tout à fait différente si nous sommes forcés d'agir à l'intérieur d'un cadre restreint de circonstances qui limite nos options – en ne nous proposant par exemple que les plus mauvaises et les pires solutions –, tout en n'annulant pas complètement notre faculté de choisir. C'est le cas pour le capitaine du bateau qui, en pleine tempête, doit choisir soit de se débarrasser de sa cargaison en la jetant à la mer afin d'équilibrer le navire, soit de prendre le risque de chavirer ; ou du blessé qui autorise le chirurgien à lui amputer sa jambe gangrenée dans l'espoir que cela lui sauvera la vie. Dans les deux cas, on agit poussé par la force des circonstances. On sacrifie la cargaison ou la jambe *sans le vouloir* de façon absolue, mais en le voulant de façon relative par rapport à la situation qui se présente à nous, autrement dit en préférant un malheur à un autre que l'on suppose encore pire. On ne peut donc pas nier qu'il y ait un choix et donc un volontarisme, mais cette volonté est *forcée* d'opter pour quelque chose qu'elle veut contre un vouloir plus profond qu'elle n'aurait certainement pas choisi dans un contexte plus clément. Prenons un exemple encore plus terrible, et souvenons-nous du personnage, interprété par Meryl Streep dans le film *Le Choix de Sophie*, qui se voit forcé par ses bourreaux nazis de choisir auquel de ses deux fils elle veut éviter la chambre à gaz...

Devant des alternatives aussi dramatiques, la décision volontaire inclut et assume, à travers son choix, une part de non-volontarisme significatif. Mais sans aborder des cas aussi extrêmes, une grande partie de nos actions volontaires voient l'éventail de leurs options restreint par des cas de force majeure qui limitent les possibilités réelles s'offrant à nous et nous privent ainsi d'un choix plus en accord avec notre authentique idéal pratique de vie. À un degré supérieur ou moindre, notre volonté s'exerce dans le cadre d'une nécessité qui, d'une certaine façon, la contrarie constamment. Ce que nous appelons une « action volontaire », c'est moins l'action qui serait parfaitement à notre goût que cette action particulière qui nous dégoûterait moins que les autres, dans un contexte pratique donné que nous n'avons absolument pas pu choisir. Autrement dit, le geste pour lequel nous optons délibérément afin de faire face à la *fatalité*.

Ainsi donc, et qu'Aristote repose en paix, le caractère volontaire de nos actions est marqué par deux constrictions irrémédiables. Notre connaissance de l'état des choses et l'imagination qui nous permet de prévoir des alternatives d'actions viables souffrent de restrictions imposées par l'incertitude. Nous ne savons jamais tout, nous ne sommes jamais sûrs d'en savoir suffisamment ou de ne pas ignorer le plus important : la seule chose que nous puissions toujours prévoir avec une absolue certitude, c'est que l'imprévu nous guette... Même lorsque le déficit de savoir n'annule pas tout à fait le volontarisme de l'action, il le conditionne de façon importante, et parfois même de façon désespérément radicale. Cependant, notre nécessité d'agir va au-delà des restrictions dont souffrent notre connaissance et notre imagination. Celles-ci nous limitent et même parfois nous trahissent, mais ne parviennent jamais à nous paralyser. Et cette nécessité d'agir constitue la deuxième coaction limitant notre volonté, car nous devons irrémédiablement agir sur le terrain d'une fatalité qui, dans la plupart des cas, s'impose à nous.Plus les circonstances nous forcent à agir rapidement, et plus elles restreignent et limitent le cadre de nos choix pratiques : elles sont contraignantes, mais aussi trompeuses.

Nous appelons habituellement *hasard* la combinaison

de l'incertitude (due à notre déficit de connaissance) et de la fatalité qui nous pousse à agir. Le hasard est le visage magique et simple de quelque chose qui en réalité est extrêmement embrouillé, d'une sorte de pelote que nous finissons toujours par renoncer à démêler. Nous déambulons à l'intérieur du hasard comme dans un labyrinthe, « le labyrinthe des effets et des causes » dont a parlé Borges, notre grand maître en labyrinthes. Et Montaigne s'est lui-même demandé, en commentant Cicéron, pourquoi le hasard ne pourrait pas avoir une part décisive dans nos vies, alors que nous-mêmes vivons par hasard. Ce que nous appelons « hasard » se charge d'assouplir le volontarisme de nos actions jusqu'à le rendre parfois méconnaissable : il transforme – en partie ou même totalement – l'action en « accident ». Nous agissons volontairement, mais aussi accidentellement. Et cela parce que nous-mêmes sommes accidentels, parce que notre propre existence de sujets agissant – inimitables, fragiles et provisoires – ainsi que notre personnalité ou notre « caractère » (auquel les Grecs et Schopenhauer ont prêté tant d'importance) constituent le plus irrémédiable et hasardeux des accidents. Chacun est pour soi-même, devant la nécessité d'agir, « l'accident absolu », l'incertitude essentielle et la fatalité que nous devons combattre en tant que sujets agissants. Cet accident est inévitable, il est impossible de s'y soustraire, c'est à partir de lui que se produit l'action, fruit de la volonté qui prétend la diriger.

Mais autorisons-nous à présent une petite pause pour raconter une histoire, née sous la plume de Frank

R. Stockton, intitulée *The Lady, or the Tiger?* Tant pour son titre que pour son thème (mais certainement pas pour son style), ce récit aurait tout à fait pu être écrit par Borges. On y rapporte que, dans la lointaine Antiquité, vivait un roi barbare qui rendait la justice de façon quelque peu spectaculaire et fantasque. Pour punir les délits particulièrement graves, il avait imaginé une très singulière ordalie. Le jour dit, on conduisait l'accusé dans l'arène d'un cirque sur les gradins duquel le peuple tout entier s'était réuni et entassé. Deux portes se dressaient devant l'accusé. Derrière l'une d'elles se trouvait le plus féroce des tigres affamés que l'on avait pu trouver pour l'occasion ; derrière l'autre, une ravissante demoiselle séduisante et vierge. Seul le roi connaissait le locataire qui attendait derrière chacune des portes. Le prisonnier devait immédiatement et obligatoirement choisir l'une ou l'autre : dans les deux cas son sort était scellé. Si c'était le fauve qui surgissait, il mourait déchiqueté en quelques secondes ; si c'était la demoiselle qui apparaissait, il devait l'épouser sans délai et en grande pompe, parrainé par le monarque en personne, et tout mariage ou tout engagement précédemment contracté devenait de ce fait caduc. Que chacun choisisse, selon son goût, ce qui lui semble être le plus cruel destin... Il était une fois un criminel accusé d'un délit particulièrement grave. N'étant qu'un simple plébéien, il avait osé courtiser en secret la fille unique du roi et celle-ci avait répondu clandestinement et de façon passionnée à son amour. Pour le soumettre au jugement dans l'arène fatidique, le roi barbare s'appliqua à trouver le plus vorace des tigres, et il s'appliqua également à sélectionner la plus délicieuse des demoiselles comme alternative. Terrifiée, la princesse amante se trouva déchirée par une double angoisse : d'un côté, voir le corps tant chéri et caressé déchiré à coups de griffes ; et de l'autre, voir son amoureux marié à une splendide jeune fille, dont elle savait que les charmes ne laisseraient pas insensible le jeune coupable. Grâce à ses ruses féminines et à son arrogance de princesse, elle réussit à savoir à quelle porte des arènes correspondait chaque indésirable destin. Le garçon surpris fit son apparition dans le cirque, sidéré par l'attente fébrile de la foule. Il connaissait parfaitement lui aussi le dilemme intime de son aimée et lui lança depuis la piste un regard de supplique : « Toi seule peut me sauver ! » D'un geste discret, mais sans équivoque, la princesse indiqua la porte de droite. Et c'est celle-là que choisit sans hésiter le condamné. Et à présent je retranscris la façon dont Stockton conclut son récit : « Le problème de la décision de la princesse ne peut être considéré à la légère, et je ne prétends pas être seul capable de le résoudre. Voilà pourquoi je vous laisse le soin de répondre : Qui sortit par la porte ouverte... *the lady, or the tiger ?* » En effet, telle est la pressante question pour la princesse, pour le jeune amant et pour nous tous, pratiquement tous les jours et à chaque instant, lorsque guidés par des oracles ambigus nous parvenons à l'instant incertain et fatal de l'action...

Chapitre III

POUR QUOI ? POURQUOI ?

Do I dare
Disturb the universe ?
In a minute there is time
For decisions and revisions which
[a minute will reverse.
T. S. Eliot

Dans quelque recoin de sa plutôt aride *Métaphysique*, Aristote nous fait entrevoir l'ébauche d'une histoire maritime digne de Stevenson ou, mieux encore, de Conrad : « C'est un pur accident, par exemple, d'aborder à Égine, lorsqu'on y est arrivé sans avoir du tout l'intention de s'y rendre, mais qu'on y a été jeté par la tourmente, ou qu'on y a été conduit par les pirates qui vous ont pris. Sans doute, l'accident, en ce cas, s'est produit, et il n'est que trop réel ; mais il n'existe pas en soi, et il n'existe que par une autre chose. C'est la tempête, en effet, qui est la seule cause qu'on ne soit pas allé où l'on voulait, et que le terme du voyage ait été l'île d'Égine. » Nous voici donc à Égine, sans rien avoir demandé ou – exprimons-le avec plus de finesse – pour des raisons indépendantes de notre volonté, des raisons accidentelles. Le voyage qui conduit à cette île ne ressemble pas beaucoup, par exemple, à celui que firent les passagers de la goélette *Hispaniola* lorsqu'ils se rendirent à l'île au trésor dans le roman homonyme de Stevenson. Quelle est la différence ? Eh bien, c'est que l'*Hispaniola* avait l'intention d'arriver à son île ; avant de partir, son but était d'aller là-bas ; elle avait projeté de faire ce voyage. Et même si leurs intérêts et leurs projets étaient différents, les navigateurs de l'*Hispaniola* – les uns respectables et les autres des pirates – voyagèrent de leur plein gré et firent ce qu'ils voulaient faire. Ceux qui parvinrent à Égine furent des *patients* et non pas les *agents* de leur traversée ; ceux qui arrivèrent sur l'île au trésor *agirent* vraiment, mus par ce que leur désir leur avait dicté. Les uns subirent leur sort comme s'ils étaient les instruments de forces étrangères et les autres réalisèrent leur volonté humaine.

Tous les êtres de l'univers que nous connaissons peuvent être accidentellement tributaires de causes insurmontables qui ne dépendent pas d'eux, et les êtres humains n'échappent pas à cette communauté de destin. À de multiples occasions, nous nous retrouvons tous, de la rose à l'étoile en passant par le pirate, dans la situation de simples *patients* de ce qui se produit. Face aux forces immenses et infinies qui agissent tumultueusement sur le réel, la puissance qui nous revient ne compte souvent pratiquement pas... Le propre des êtres humains, en revanche, c'est de devenir de temps à autre les agents de certains événements, d'attribuer une origine volontaire à ce qui ne serait jamais arrivé si nous n'avions pas voulu que cela se produise. Autrement dit, d'être les sujets agissants d'actions intentionnelles. Comme le démontre parfaitement Manuel Cruz dans un essai extrêmement utile, « l'intention introduit un changement qualitatif dans la sphère du réel occupée par l'homme » (*¿ A quién pertenece lo ocurrido*[1] *?*). La nouveauté anthropologique qui nous définit comme espèce non spécialisée, c'est le fait de ne pas agir seulement par instinct ou par réflexe, mais de façon intentionnelle ; autrement dit, c'est l'aptitude à l'action : la pratique. Sans intention, il n'y a pas d'action. Pour le dire à nouveau avec les termes de Manuel Cruz, « la condition nécessaire pour que le fait de considérer quelque chose comme une action ait un sens, c'est la *possibilité* de se l'être proposé ou d'avoir eu l'intention de le faire ». Et comment peut-on établir *a posteriori* qu'une action a été intentionnelle ? Lorsque son agent est capable de répondre de façon plus ou moins satisfaisante à ces deux questions : « pour quoi » et « pourquoi » l'a-t-il fait ?

Dans leur réponse à ces questions de base, les philosophes de l'action – depuis l'illustre Aristote en passant par les philosophes analytiques anglo-saxons parfois si fastidieux – s'embrouillent dans une chaîne complexe de causes, de motifs, de volontés, d'intentions, etc., qui, à mon avis, se rapporte parfois beaucoup plus aux usages linguistiques de chaque langue qu'à la simplicité toujours trompeuse des faits considérés objectivement.

1. « À qui appartient ce qui s'est produit ? » (*N.d.T.*)

Sans mésestimer ces travaux subtils et fréquemment enrichissants, nous opterons ici pour une formule peu originale mais synthétique et, je l'espère, suffisamment claire. Considérons donc quelques séries d'actions telles que courir vers l'autobus et y monter, éplucher une pomme et la croquer ou appuyer sur la détente d'un revolver en le braquant dans la direction d'un de nos semblables. Dans tous les cas, la question « pour quoi ? » se rapporte uniquement à l'intention du sujet agent, c'est-à-dire à ce qu'il se propose ou a décidé de faire : voyager dans le véhicule, mordre dans le fruit ou liquider un de ses prochains. La question suivante, « pourquoi ? », se rapporte au motif ou à la cause qui a déterminé cette conduite : se rendre au travail dans un autre quartier de la ville, satisfaire son appétit ou se débarrasser d'un ennemi. Chaque action tente de faire quelque chose pour un certain motif, en accord avec une ligne de pensée du sujet, et non à partir d'une inévitable coaction des lois physiques de la réalité ou d'une non moins inévitable pulsion instinctive. La tempête ou les pirates qui nous conduisent à Égine supplantent notre intention et font abstraction de nos motifs personnels, de la même façon que nous dodelinons de la tête lorsque nous sommes fatigués de conduire une voiture ou que nous levons le bras dans un geste réflexe pour protéger notre visage d'un insecte, tout en perdant le contrôle du véhicule. Et même si les causes extérieures ou les pulsions intérieures nous conduisent à des situations qui peuvent finalement se révéler favorables pour nous et correspondre à ce que nous désirions, nous ne pouvons appeler « action » ce que nous faisons à partir des unes ou des autres.

L'intention désigne ce que nous voulons effectivement faire, le motif ou la cause pour lesquels nous choisissons de faire précisément cela. Bien que nous nous appuyions sur nos motifs comme s'ils étaient les « causes » des actions, cette causalité doit être prise *cum grano salis*. Aucun motif n'est cause de l'action au sens propre, immédiat et irrémédiable où nous affirmons qu'un trébuchement « cause » une chute ou que le choc d'une boule de billard « cause » le mouvement de celle sur laquelle elle a frappé. Nous pourrions dire que le motif explique causalement l'action, mais qu'il ne la conditionne pas comme un effet nécessaire. Ce point nécessite d'être examiné plus en détail.

Chaque action humaine s'extériorise sous la forme d'un certain type de mouvement qui transforme en partie le monde dans lequel nous vivons, mais elle possède également une composante externe, non extériorisée ou *mentale*. La dimension objective de l'action peut être décrite du dehors par n'importe quel témoin présent là où l'action a lieu, tandis que la dimension subjective ou mentale ne peut être connue (du moins partiellement) que par le sujet agissant. Cette distinction est fondamentale et c'est même grâce à elle que le droit peut décréter des sanctions ou que la sociologie peut être considérée comme une « science » (y compris expérimentale et en partie formalisable), tandis que l'éthique sera toujours exhortative et nous renverra à la conscience de chacun. Aussi bien le droit que la sociologie se limitent à décortiquer, à catégoriser et – s'il y a lieu – à juger la dimension objective de l'action, qui répond à la question « pour quoi ? ». En revanche, la prise en compte des motifs (la réponse à la question « pourquoi ? ») tente d'expliquer le contenu mental et donc irréductiblement subjectif de l'action. Dans sa dimension divinatoire – prétendant objectiver ce qui est subjectif –, cette prise en compte sera psychologique et deviendra finalement éthique, à condition de demeurer une pure réflexion sur la volonté du sujet, que celui-ci est le seul à gérer.

Les motifs de l'action expliquent la décision de la volonté à laquelle répond celle-ci, mais ils n'identifient pas sa « cause » au sens fort que nous avons mentionné précédemment. La cause de chaque action est *toujours* la libre volonté qui est décidée pour un motif et non pas le motif lui-même. Parmi les motifs possibles, acceptables ou rejetés, et la ligne d'action effectivement suivie par l'agent, il existe ce que John R. Searle appelle *a gap*, une brèche ou un hiatus. Pour le dire avec ses mots : « La brèche est ce trait de l'intentionnalité consciente grâce auquel les contenus intentionnels des états mentaux ne sont pas expérimentés par l'agent comme quelque chose qui établirait des conditions causalement suffisantes pour entraîner des décisions et des actions, y compris dans les cas où l'action fait partie des conditions de satisfaction de l'état intentionnel[1]. » Il y a d'un côté les

1. Le livre de Searle *Rationality in Action* (*Razones para actuar*) a été publié pour la première fois en espagnol, après que l'auteur l'eut présenté au prix Jovellanos de l'essai en 2000. *(N.d.T.)*

motifs qui justifient l'intention et de l'autre l'action elle-même qui exécute le dessein intentionnel : entre les uns et l'autre, il existe un hiatus résolutif que peut uniquement remplir ce qu'Aristote a appelé la *proairesis*, la volonté qui choisit ou le libre arbitre. Le motif décisif ne se transforme en cause efficace de l'action que grâce à la volonté qui le choisit et l'accepte. Aucun motif, aussi évident ou convaincant soit-il, ne provoque nécessairement l'action ; et il peut même arriver que, selon une considération abstraite, le motif final de l'action ne soit pas le plus évident ni le plus convaincant (ainsi que nous le verrons plus loin, dans le chapitre v).

À ce niveau-là, pour comprendre la *proairesis* ou l'aptitude à choisir qui constitue le nerf même de l'action humaine, il faut tenter d'identifier ses deux composantes essentielles : le moi ou le sujet et la rationalité grâce à laquelle il semble en principe se régir (celle-ci peut être également exprimée ainsi : l'ensemble des opérations mentales grâce auxquelles le sujet se régit, et que nous appelons « rationalité »). L'action est accomplie par un moi, c'est-à-dire par un sujet apte à s'autoconcevoir comme suffisamment stable et durable dans le temps. Le moi est un pôle d'aptitude dynamique qui se projette vers le futur. Avoir des intentions et faire des projets, c'est assumer que celui qui tente et projette continue à être le même *ensuite*. Le moi qui est sujet de l'action occupe de façon imaginaire les moments qui lui reviendront dans un temps qui n'a pas encore existé (sans doute parce qu'il est également apte à se souvenir de lui-même comme plus ou moins identique à ce qu'il était avant que la chose ne se produise et qu'il n'agisse). Sans conscience du temps, il ne peut pas y avoir de moi-sujet et sans moi-sujet, il ne peut y avoir d'action. L'*inquiétude* existentielle humaine si poétiquement déplorée – inepte à se reposer sans remords ni effort sur le présent – est entièrement due à la condition pratique de l'homme. Si l'homme était inactif, il ne ressentirait pas l'angoisse du temps... il ne serait même pas un homme, c'est évident. Il se pourrait bien que la volonté humaine ne soit pas la volonté de vivre ou de pouvoir, mais avant tout une *volonté de futur*, l'envie de continuer à durer, le *conatus* de Spinoza. Dans le deuxième volume de *La Vie de l'esprit*, consacré à la volonté, Hannah Arendt explique que dans la langue anglaise un même mot – *will* – sert à construire le futur des verbes et à exprimer la volonté. Au bout du compte, c'est la même chose qui se produit dans tous les processus symboliques qui constituent le domaine mental de l'action humaine.

Quant à la rationalité, elle constitue le processus d'évaluation du réel, la recherche d'alternatives et la prise de décisions qui configurent la *proairesis* du moi-sujet. C'est le processus rationnel qui compare et hiérarchise les motifs, en les mettant en relation avec les possibilités d'intervenir sur le réel. Il se pourrait bien que nous parlions également de « raisons » d'agir et pas seulement de motifs ou de causes de l'action. La caractéristique de la rationalité, c'est qu'elle n'opère pas seulement dans la détermination des « pourquoi », mais aussi dans celle des « pour quoi » intentionnels. Par l'intermédiaire de la raison, le moi cherche dans le temps futur (en se remémorant parfois les leçons du temps passé) les actions qui conviennent le mieux en fonction des désirs, des croyances, des engagements et des possibilités effectives dont il possède une conscience symbolique. Le moi mène à son terme, à travers l'action, l'examen dynamique du temps dans lequel il existe. C'est ainsi que Searle l'exprime : « La rationalité dans l'action, c'est ce trait qui permet aux organismes, dotés d'un cerveau suffisamment volumineux pour contenir des moi conscients, de coordonner ses contenus intentionnels, de telle façon qu'ils produisent des actions meilleures que celles qui se produiraient sous la conduite du simple hasard, des pulsions, de l'instinct ou des tropismes. »

En ce qui concerne l'idée de déterminer quelles sont les « meilleures » actions et les arguments qui nous permettent de les considérer comme telles, nous tenterons de discuter plusieurs possibilités dans le chapitre suivant. Et dans celui qui le suit, nous aborderons la possibilité pour certaines actions d'être *irrationnelles*... tout en restant toujours pleinement des actions. À présent, pour conclure ce chapitre, nous allons réfléchir un instant sur le lien qui existe entre le « désir » et le « motif ou la raison » de l'action. Autrement dit, nous examinerons la question suivante : est-ce que la meilleure réponse à propos du pourquoi de chaque action est toujours un désir ? Bien que dans aucun des écrits qu'on lui attribue cela n'apparaisse pleinement et parfaitement explicité, l'opinion générale veut qu'Aristote considère l'action humaine comme une réponse à un *syllogisme pratique*, qui fonctionnerait de façon similaire au syllogisme logique qu'il applique au travail de la connaissance. Ce syllogisme pourrait être par exemple : « Je désire protéger ma santé. Manger des fruits protège la santé. Donc je mangerai des fruits. » La conclusion rationnelle pratique du syllogisme, c'est cette action : manger des fruits. Il semble bien qu'Aristote, comme de nombreux autres philosophes ayant tenté d'analyser après lui les raisons qui motivent nos actions, considère qu'il faut toujours partir d'un désir humain pour que notre décision soit intelligible. Ce désir pourra quelquefois se centrer sur un aspect instrumental de l'action et d'autres fois il touchera les finalités plus générales de notre vie active (le désir d'être heureux serait le premier d'entre tous, la prémisse dont dépendrait le reste de notre raisonnement pratique), mais le fondement de la raison pratique reposera toujours sur notre *vouloir*. Bien entendu, explique Aristote, nous pouvons également désirer l'impossible ou ce que nous n'avons pas la possibilité de décider, et dans ce cas il y aura désir mais pas de décision du tout (je peux désirer l'immortalité mais pas « choisir » d'être immortel). En revanche, d'autres penseurs, et en particulier John R. Searle, divergent à propos de ce critère, du moins partiellement. D'après Searle, la hiérarchisation entre les désirs les plus basiques et les désirs qui régissent nos actions immédiates n'est jamais spontanément établie et elle exige précisément une délibération rationnelle pour parvenir à se façonner. Cette délibération fait appel à des raisons qui ne sont pas toujours des désirs et qui se rapportent à des obligations d'un autre genre. À propos de ses raisons, Searle explique que la raison est le fondement du désir, mais que le désir n'est pas le fondement de la raison.

À mon avis, dans un certain sens, notre désir – compris de façon très large et plutôt vague – est sans aucun doute ce qui motive nos actions : nous agissons pour réaliser le plan de vie que nous voulons. Mais il est indéniable que notre vouloir est en grande partie déterminé par la connaissance rationnelle de ce que nous sommes et de ce qu'est la réalité dans laquelle nous vivons. Nos connaissances et nos croyances décident de ce qui nous semble *convenable* de désirer et nous savons que tout ce qui en première instance peut nous plaire n'est pas nécessairement compatible avec ce que nous sommes et comment nous sommes (nous pouvons désirer l'impossible, mais nous ne déciderons rien à ce sujet, ou mieux encore : nous déciderons que c'est impossible un point c'est tout). De telle façon que certaines raisons orientent les désirs tout autant que certains désirs stimulent notre raison pour trouver la façon de les réaliser. En accord avec la proportion de raison et de désir qu'ils contiennent, nous pouvons tenter de réaliser une taxinomie qui grouperait sous cinq grandes rubriques nos motifs d'agir, c'est-à-dire les réponses à la question « pourquoi ? » :

a) *Les nécessités.* Les demandes physiques suivantes qui, si elles n'étaient pas satisfaites, mettraient en péril la vie du sujet sont nécessaires au sens le plus basique du terme : boire, manger, éviter les températures extrêmes et certaines agressions corporelles, etc. On peut également inclure dans les nécessités, même si elles paraissent plus secondaires, les urgences sociales qui, lorsqu'on les néglige, nous exposent à l'insatisfaction des nécessités basiques dont nous venons de parler ou blessent gravement l'estime de soi comme membre d'une communauté : par exemple, lutter contre la misère extrême, contre la privation des droits civiques ou des garanties de protection sociale, etc. Il doit aussi certainement exister des nécessités affectives (spécialement pendant l'enfance qui, chez les êtres humains, dure pratiquement toute la vie) dont le manque entraîne des anomalies incurables qui perturbent notre intégrité personnelle. La plupart de nos désirs sont issus de nos nécessités... même si nous ne désirons pas ou ne choisissons pas les plus nécessaires. Cependant, la raison réfléchit sur ce que nous sommes à partir de ce qui nous est nécessaire. Et la particularité des nécessités, c'est leur caractère négatif : ce sont des manques qu'il convient de combler, et qui nous sont insupportables, mais dont nous nous réjouissons à peine du fait qu'ils soient comblés – surtout lorsque cela est habituel ou facile – contrairement à ce que l'on ferait pour une grande conquête.

b) *Les plaisirs.* Dans une large mesure, ceux-ci sont provoqués par des raffinements culturels et des enrichissements symboliques lors de la satisfaction de nos nécessités. Ils ne sont pas tellement la nécessité transformée en vertu, mais plutôt en *luxe*. Bien au-delà de combler des manques ou de pallier des sortes d'infirmités, ils aspirent à l'allégresse du gaspillage. Gastronomie, érotisme et confort pour tout ce qui touche aux urgences physiques ; cosmétique et stylisation esthétique qui embellit l'indispensable et valorise le beau plus qu'il n'en faut ; reconnaissance des mérites et des honneurs sur le terrain de notre représentation sociale. Ils élèvent l'aspect de l'irrémédiable à la somptuosité du caprice. Pour les humains, les gratifications imaginaires sont presque inséparables des conditionnements biologiques et parfois elles s'imposent à eux : je ne pense pas qu'il existe des animaux capables de mourir d'anorexie ou sous le coup d'une ambition déçue... L'authentique humanité ne commence pas lorsque les anthropoïdes sont capables de fabriquer une marmite en terre, mais lorsqu'ils la décorent d'une frise géométrique qui n'améliore en rien son utilité mais embellit son aspect ou lorsqu'ils ornent leur front d'un diadème de fleurs.

c) *Les engagements*. Nous pouvons y inclure toutes les obligations rationnelles imposées par notre réciprocité d'êtres symboliques, autrement dit (en reprenant les termes de Nietzsche) « capables de promettre ». Nos motifs les plus proprement rationnels doivent figurer dans ce paragraphe, les motifs qui sont le moins liés à des désirs au sens strict et immédiat du terme. C'est beaucoup plus la raison (la compréhension de notre être social) qui nous incite à rembourser les emprunts ou à porter secours à un de nos semblables en danger, que l'aveuglement du désir. Il en va de même pour ce qui concerne le respect ou la réforme des lois et pour accomplir honnêtement nos devoirs familiaux ou professionnels. Peut-être que la plupart de nos gestes quotidiens sont motivés par nos engagements envers les autres et par notre aptitude à nous mettre à leur place et à comprendre leurs intérêts (le mot « intérêt » fait ici allusion à ce lien qui nous rattache aux autres... et parfois nous oppose à eux). Sans doute que la transgression des engagements, afin de capter injustement la puissance des avantages sociaux à notre profit, constitue également une importante dynamique de motivation humaine. Ainsi que nous aurons l'occasion de le démontrer plus loin, la réflexion éthique – et, dans une large mesure, politique – prend en charge cette question.

d) *Les projets.* Si dans le paragraphe précédent nous avons évoqué les liens traditionnellement acquis avec nos semblables, ici nous allons nous intéresser à la capacité d'innover et de transformer qui agite également les actions humaines, depuis les inventions et les techniques les plus pointues jusqu'aux nouvelles propositions d'interprétation de la réalité ou de réforme de la convivialité, en passant par les modestes projets que nous élaborons pour nos vacances ou nos occupations professionnelles. Tous les hommes sont « des hommes d'entreprise » et chacun d'entre nous, dans la mesure de ses moyens, vit avec des projets d'avenir, qui entraînent toujours une modification plus ou moins ambitieuse de la réalité que nous avons trouvée et au sein de laquelle nous nous trouvons. Être conscients du temps (nous avons déjà dit que notre condition essentiellement *pratique*, active, ne pouvait pas exister sans le temps) suppose que nous comprenions l'avenir, même partiellement, comme une conception personnelle, et pas seulement comme une répétition ou une fatalité. Et cette motivation est aussi valable pour le scientifique que pour le révolutionnaire...

e) *Les expériences.* Je voudrais regrouper sous cette rubrique une série d'actions humaines très importantes bien qu'elles ne soient sans doute pas des plus fréquentes et qu'elles ne reçoivent pas souvent une attention spécifique de la part des subtils – mais le plus souvent ils sont lourds et besogneux – analystes de ces questions. Je veux parler de ces actions qui sont réalisées par ceux qui tentent d'explorer les formes, les couleurs, les sons, les images ou les combinaisons de mots, ainsi que de celles qui expriment de façon non conventionnelle des sentiments, des émotions, des visions ou des idées. En résumé, je veux parler des actions artistiques ou poétiques au sens le plus large, qui vont des plus grandes réalisations esthétiques à la petite bricole de l'aquarelliste du dimanche, de la trouvaille humoristique que peut réaliser n'importe qui à la faveur d'un bon verre de vin dans une réunion d'amis au balbutiement de l'amoureux transi ou du fils venant de perdre sa mère, alors qu'ils tentent de trouver une voix singulière pour exprimer leur douleur ou leur plaisir si peu singuliers... Les intentions de cette rubrique, les expériences, ne sont pas très sûres de ce qu'elles tentent, ce sont des projets de l'indéfini et des désirs qui parviennent rarement à expliquer à l'avance et clairement leur dessein. Je suis tenté de dire que ce sont les plus *caractéristiquement* humaines de toutes les actions humaines, car elles dépendent de pulsions qui ne viennent pas de notre nature biologique ni même simplement de notre condition sociale, mais de notre singulière idiosyncrasie symbolique…

Bien qu'aujourd'hui des ouragans et des flibustiers nous entraînent vers l'indésirable Égine, nous continuons à croire que nous parviendrons demain à atteindre par nos propres moyens l'île au trésor si convoitée par chacun.

Chapitre IV

PARMI LE BON ET LE MAUVAIS

> Il n'est jamais inopportun de penser et d'agir avec intelligence, et il n'y a pas de raison d'affubler du nom hystérique de Devoir ou d'Autosacrifice ce qui est tout simplement un art heureux et un engagement rationnel.
>
> George SANTAYANA

La faculté pratique de l'homme (l'aptitude à choisir et même à inventer des actions) est un dispositif au service de la vie, tout autant que les instincts, les tropismes et les autres fonctions végétatives des animaux. Mais la vie humaine en tant que telle jouit de dimensions qui échappent à la zoologie et même à la biologie. Chez l'animal, la vie considérée comme *telos*, comme finalité, consiste à perpétuer l'espèce grâce à ses membres, en les protégeant par d'ingénieux mécanismes, pour qu'ils parviennent à se reproduire, mais aussi le cas échéant en les sacrifiant avec toujours le même zèle utilitaire. En revanche, chez l'être humain, il existe, conjointement à la vie biologique et zoologique, avec la même force et la même exigence, une vie *symbolique* dont le but ne consiste pas à reproduire l'espèce, mais plutôt à préserver les individualités au moyen de la mémoire qu'ils établissent entre eux et des conquêtes qu'ils réalisent et partagent. Les autres espèces vivantes occupent leur énergie vitale à garantir la répétition efficace d'un mode d'existence ; mais dans le genre humain, la vie aspire à quelque chose de plus difficile et risqué, *la perpétuation et la propagation de l'unique*. Voilà pourquoi saint Augustin prétendit que le début du monde fut la création du ciel et de la terre, mais que l'homme représente un nouveau *commencement*, car, après les êtres configurés d'après leur rang, apparaît soudain un modèle qui se définit à partir de ses singularités. C'est de là que proviennent la complexité et la difficulté que nous éprouvons lorsque nous tentons d'apprécier l'adéquation des actions humaines avec la vie qu'elles défendent. C'est probablement à cela que pensait Hegel lorsqu'il trancha la question du projet philosophique ainsi : « Penser la vie, voilà la tâche. » Penser la vie (humaine, bien entendu) pour évaluer les actions...

Pouvons-nous affirmer qu'il existe un « art de vivre » ? Il est entendu que nous considérons comme de l'« art » une certaine habileté dans un cadre pratique déterminé dont il est possible d'apprendre (et donc d'enseigner) les principes généraux de base, tandis que son plus haut niveau d'excellence est dépourvu de règles précises et ne peut être admiré que dans la réalisation de certains individus particulièrement remarquables. De telle façon que l'« art » est cette habileté que l'on ne domine jamais tout à fait, même après l'avoir apprise, et qui s'exerce à des niveaux très différents de réussite ou de style : voilà pourquoi manger de la soupe avec une cuillère ou actionner les interrupteurs électriques, ce n'est pas de l'art, tandis que ça le devient de raconter une histoire, de danser le tango ou d'arnaquer les touristes. Ainsi l'art de vivre, en admettant qu'il existe, pourra-t-il être partiellement appris (c'est l'éducation qui, à toutes les époques et sous toutes les latitudes, se charge fondamentalement de ça), mais il ne livrera ses plus brillantes réussites que pour certains modèles personnels spécialement heureux, dont les comportements devront ensuite s'efforcer de devenir des « classiques » (c'est-à-dire dignes d'être étudiés en classe, comme des exemples à imiter).

Dans cet art, il est possible de définir deux parties étroitement liées l'une à l'autre, selon les deux niveaux ou les deux perspectives qui caractérisent la façon de vivre des humains. La première tourne autour de la subsistance, du plaisir et de la réparation de notre organisme, c'est ce que les anciens appelaient la *cura sui*, c'est-à-dire le souci de soi (à propos desquels Michel Foucault a écrit de très intéressantes pages), que nous appellerions quant à nous *l'hygiène*. La seconde partie s'occupe des exigences et des engagements qu'implique la reconnaissance de l'humanité de nos semblables pour qu'ils puissent, en toute réciprocité symbolique, reconnaître à leur tour la nôtre, c'est *l'éthique*. Je suppose que toutes les actions que nous menons à terme peuvent être considérées sous l'angle de l'une de ces deux perspectives « artistiques » et une bonne partie d'entre elles sous l'angle des deux...

Comme n'importe quel autre art, l'art de vivre consiste à faire la distinction entre les différentes façons d'agir et d'évaluer celles-ci. En accord avec la finalité recherchée, les choses peuvent être bien, moyennement ou mal faites ; elles peuvent même ne pas être faites du tout, ce qui pourra également, dans tous les cas, être apprécié positivement ou négativement. Dans son champ d'action, l'art établit une *axiologie* (qui représente le bon et le mauvais, le meilleur et le pire ; qui représente ce qui convient et ce qui ne convient pas) et une *déontologie* (ce qui doit se faire dans chaque cas et comment cela doit être fait). En accord avec la nature de ses objectifs pratiques, il reconnaît les valeurs et façonne les normes. Mais il faut également tenir compte du fait que chaque art maintient toujours entrebâillée l'extrémité de son excellence, de telle façon que l'évolution historique de ses moyens et l'éventuelle apparition de quelque interprète génialement original de ses finalités peuvent bouleverser, du moins en partie, des règles qui semblaient très solidement établies. Voilà pourquoi on trouve dans chacun des arts une certaine tension dialectique et dynamique entre ce qui est établi et ce qui est nouveau, comme cela se produit surtout entre les valeurs considérées sous un angle abstrait et général, et leur application concrète ici et maintenant, à travers laquelle chaque action doit être effectuée. Étant donné l'énorme panoplie d'actions qu'il suppose et aussi à cause du caractère spécialement controversé de ses objectifs, l'art de vivre ne pourra jamais être exhaustivement et perpétuellement codifié... malgré les efforts constamment prodigués dans ce sens depuis l'époque d'Hammourabi, roi de Babylone. À ce sujet, après la longue trajectoire d'ordres sans appel et d'impératifs catégoriques dont nous avons historiquement joui, il est assez rafraîchissant de se souvenir des hésitations et des précautions d'Aristote au moment de commencer la rédaction d'un texte fondateur dont la rigueur réaliste est bien éloignée de tout relativisme postmoderne : « Qu'il faille agir selon la droite raison, voilà ce que l'on accorde généralement [...]. Convenons aussi de ceci : tout notre raisonnement sur ce qui concerne l'action doit n'être que général et sommaire, comme nous l'avons dit au début, parce qu'il faut demander des raisonnements appropriés à la nature de la matière traitée. Or ce qui concerne l'activité et ce qui la favorise n'ont rien de fixe, non plus que ce qui concerne la santé. Puisque tel est le raisonnement général, il en va de même du raisonnement sur les cas particuliers, qui ne comporte pas de précision; ces cas particuliers ne relèvent d'aucune connaissance technique ni d'aucune règle; il faut donc que, dans tous les cas, ceux qui agissent observent les circonstances particulières, comme il en va dans la médecine et la navigation » *(Éthique à Nicomaque)*.

C'est cette dernière phrase qui renferme la chose la plus importante : au moment de l'action particulière ici et maintenant, c'est celui qui agit qui doit décider ce qui est le plus opportun à chaque occasion concrète, sans se borner à appliquer mécaniquement un précepte ou une norme. Les règles de l'art de vivre, comme celles de n'importe quel autre art, proposent un *schème* d'orientation et d'évaluation qui ne pourra cependant jamais se substituer à la *proairesis* du sujet et – pour ainsi dire – à la « touche personnelle » à travers laquelle il affronte, à un moment précis, l'inimitable et fragile singularité de son existence. Il n'existe pas de *science* du « vivre » définie par des axiomes et des lois universellement admises qui puissent s'appliquer aussi bien dans la solitude expérimentale du laboratoire que dans la rue ou dans la jungle, mais il existe en revanche un art où se juxtaposent des traditions mémorables, des fragments de codes anciens, des règles pratiques de comportement et l'inspiration désespérée de l'espoir, à partir duquel ou contre lequel nous agissons lorsque le cas se présente. Autrement dit, du haut de la corde raide où nous faisons de l'équilibre sans filet ou au milieu de cette mer aux courants perfides sur laquelle nous tentons de demeurer à flot, l'expérience acquise et le souvenir de nos meilleurs maîtres sont les bienvenus… mais nous continuons cependant à dépendre de la prudence de notre esprit, car nous sommes tout seuls.

C'est parmi l'angoisse de cet engagement que nous devons manier ou subir les grands termes d'évaluation. Le Bien et le Mal, les plus anciens et pérennes des fantasmes théologiques ! Ce qui reste toujours valable et ce qui ne l'est jamais ! À mon avis, le principe de base de l'art de vivre c'est de se passer de l'aide traîtresse de ces deux leurres. Ce qui n'implique pas qu'il faille renoncer à évaluer, en se réfugiant dans le désenchantement du « tout est bon » ou du « rien n'est bon », mais permet – et exige de nous ! – d'*apprendre* à évaluer... Pour commencer, il faut comprendre que les deux plateaux de la balance axiologique, le Bien et le Mal, n'apportent rien à la raison ni au sentiment, si l'on se borne à les utiliser en termes absolus : ils n'ont un sens et une utilité conceptuelle que lorsqu'ils fonctionnent *en relation avec quelque chose* (ainsi que cela se produit avec la Vérité, histoire d'évoquer une autre valeur fondamentale également dénaturée par les rhapsodes de l'absolutisme métaphysique, comme nous le verrons dans le premier chapitre de la deuxième partie de ce livre). Au lieu de dire le Bien et le Mal, nous préférons dire ce qui est « bon *pour...* » et « mauvais *pour...* », comme nous l'a enseigné Spinoza. Et si l'on nous presse de nous expliquer, nous affirmerons qu'en effet toute chose est en partie bonne précisément parce qu'elle *est* et qu'elle participe ainsi au bien le plus commun et le plus primordial de tous, celui d'appartenir à la réalité. Étant donné que tout ce qui est concevable n'est pas effectivement réel, l'avantage premier dont il convient de jouir afin de mériter tous les autres, c'est celui de la réalité. Dans ses suggestifs *Essais sur Homère*, Marcel Conche note que le barde grec utilise fréquemment l'adjectif « divin » pour nommer toute chose présente et tangible : les « divins breuvages », les « divins fleuves », la « divine cité », les « divins coursiers », il utilise même l'adjectif « divin » pour le monstre Charybde, etc. Cela ne veut pas dire qu'il existe un lien particulier entre ce que l'on qualifie de la sorte et le monde des dieux, ni même que l'on veuille louer ce que l'on qualifie de façon particulière, mais seulement que l'on veut souligner que cela se trouve là, à portée de main ou de la vue, que cela fait partie de ce qui existe ; et que l'existant, en tant qu'il est, l'est de façon *divine*, c'est-à-dire qu'il a quelque chose de bon : « Ils sont ce qu'ils sont : le terme "divin" exprime cette identité. Ils sont tout ce qu'ils ont à être, beaux parce que n'appelant aucune retouche, parfaits parce qu'on ne voit pas que rien ne leur manque. » Et plus loin Conche insiste sur cette divine beauté de ce qui est en tant qu'il existe : « Tous les êtres sont beaux, si l'on sait les voir en eux-mêmes, indépendamment de leurs actions. Les mots hyperboliques, faux à la lettre, décèlent la vérité de l'être. Ils arrêtent le regard sur le fait, pour chaque être, d'être, tout simplement – cela sur quoi le regard, d'ordinaire, ne s'arrête pas. » C'est pour cette raison que le regard qui commence par admirer et louer est plus profond, plus *pur* que celui qui commence par se méfier et reprocher. C'est une leçon importante mais qui nous aide seulement à préférer en premier lieu, dans tous les cas et toujours, ce qui est réel ou pourrait l'être aux leurres de l'illusoire (ou à ce « double » imaginaire du réel que dénonce très justement Clément Rosset) : cependant, étant donné que les hôpitaux sont aussi réels – et par conséquent partiellement « bons » – que les camps de concentration, cette généralisation de l'attribut positif fondamental ne nous aide pas beaucoup lorsqu'il s'agit de mieux ajuster son discernement. Ce qui est certain, c'est que cela nous rassure sur l'existence présente, passée ou future du Mal absolu, dont sont modérément friands les rhéteurs de la truculence morale : d'après ce qu'a expliqué un homme aussi sérieux que Thomas d'Aquin, si l'absolument mauvais pouvait se manifester, il se détruirait lui-même. Bref, il serait si mauvais, qu'il ne pourrait même pas être...

Une fois écartée l'emphase absolutiste, il reste le bon et le mauvais selon quoi (ou qui) et selon pour quoi (ou pour qui). Une même chose peut être mauvaise pour certains et bonne pour d'autres : le caillou, caché dans l'herbe de la prairie, qui fait trébucher l'antilope alors qu'elle tente d'échapper au lion est mauvais pour l'antilope et bon pour le lion. La vitesse est la valeur première de l'antilope, comme le sont la force et l'astuce chez le lion : chacun a ses valeurs selon comment les choses vont pour lui, dans la vie... et selon comment la vie se présente à lui. Pour en revenir à Spinoza, tout ce qui *est* s'efforce de continuer à être ou – pour exprimer la chose de façon moins psychologique – persévère dans son être (selon le fameux *conatus* de Spinoza), et l'on peut considérer bon pour lui tout ce qui contribue à sa démarche, et mauvais tout ce qui est un obstacle, le bloque ou le détruit. Bien entendu la réalité est si exhaustivement complexe que beaucoup de choses jouent alternativement les deux rôles, et ce qui aujourd'hui nous protège peut devenir demain un piège qui nous enferme ; ou bien les mêmes aliments qui nous nourrissent accélèrent les processus métaboliques qui peu à peu nous détruisent... À chaque pas, l'existant se débat entre ce qui est valable, mais d'où dérivent des maux collatéraux pour lui, et ce qui à la base lui porte préjudice mais peut occasionnellement lui offrir quelque bénéfice ; tôt ou tard, étant donné que ce qu'il représente s'avère infime par rapport aux forces qui opèrent dans l'immense arène que constitue l'univers, il lui faudra se colleter à quelque chose de si directement « mauvais » – de si incompatible avec sa façon d'être – qu'il périra à cause de lui. Et c'est de cette destruction que sortira quelque chose de « bon » pour une autre entité non moins contingente...

Pour chercher ce qui est valable et éviter dans la mesure du possible les maux qui les menacent, les animaux comptent sur leurs instincts. Voilà pourquoi ils croulent sous la routine, mais évitent de se poser d'innombrables questions. De notre côté, nous, les humains, tentons de développer un art de vivre qui oriente les choix incessants et les innovations dangereusement fréquentes de notre « faire » délibéré. La vie que nous tentons de conserver et de perpétuer n'est pas un simple processus biologique, mais un devenir de symboles qui s'entrecroisent sous forme de mémoire, de communauté, de codes, de visions du futur, de désir de trouver le sens de chaque geste et de chaque faux pas. Vivre parmi les symboles et grâce à eux, c'est tenter d'établir en permanence une *singularité partagée*. Les jeux symboliques qui nous constituent – le langage est le premier et le plus basique d'entre eux – accréditent le caractère inimitable et unique de la personne qui interprète chaque vie et aussi le fait qu'elle puisse seulement être une personne avec un sens propre pour ses semblables et parmi ses semblables. Dans la virtualité symbolique, tout ce qui est demeure individuel et distinct et rien de ce qui est distinctement individualisé ne peut éviter d'être partagé pour continuer à être. C'est dans cet effort de partager le singulier *du dedans* que consiste le projet de ce que nous appelons l'éthique, et qui comporte tant de difficultés et de maigres succès. Chacune de nos valeurs pointe dans cette direction, mais elle est incessamment soumise au jugement de notre droiture devant le défi de l'immédiateté, de la circonstance concrète. Le courage qui soutient la vie est bon, mais il peut s'avérer parfois brutal ; la justice qui administre et sanctionne ce qui nous concerne est superbe, mais elle peut quelquefois devenir cruelle ; la reconnaissance qui nous confirme et nous exalte est indispensable, mais elle dégénère parfois en vanité usurpée ; nous cherchons tous l'amour et c'est cependant lui qui parfois nous détruit ou nous pousse à détruire... Il n'y a peut-être que la générosité – car elle nous permet de vivre parmi les mortels comme si nous n'avions que faire de l'être nous-même – qui soit bonne sans contrepartie ni contre-indication : et peut-être même pas.

Pour tous les autres vivants, il y a l'adéquat et l'inadéquat, le favorable et le nocif, le convenable et l'inapproprié, le bénéfique et le maléfique, le positif et le négatif : *on* et *off*. Mais les humains préfèrent parler de bon et de mauvais car, entre nous, c'est l'intention rationnelle, et non les lois de la nature, qui établit l'accord entre ce qui s'avère pour nous propice et ce qui nous détruit. « Bon » et « mauvais » sont deux termes qui s'appliquent à ce qui est conscient, à ce que l'on choisit, c'est-à-dire à ce *libre arbitre* qui constitue l'aspect le plus intime et le plus problématique de la liberté, grâce à laquelle nous nous définissons anthropologiquement. Dans cette recherche du bon, qui constitue notre engagement rationnel avec la vie, il n'est pas suffisant de dire que nous pouvons commettre des erreurs ou provoquer des insuffisances, ou que parfois les circonstances se liguent contre nous : afin que le « libre arbitre » ne devienne pas un vœu pieux, nous devons laisser ouverte et effective la possibilité du mauvais, non pas comme une contrariété qui nous accablerait, mais comme quelque chose que l'on pourrait préférer, comme un choix ténébreux. Il est mauvais pour le sujet de subir des difficultés ou d'essuyer des revers, de se tromper, d'endurer la défaite face à des forces supérieures ; mais comment et pourquoi le sujet lui-même peut-il être mauvais ? En quoi consiste non plus le mauvais dont nous avons l'idée, mais la méchanceté que nous exerçons délibérément ? Peut-on être rationnellement mauvais tout comme nous devrions être rationnellement bons ?

Si choisir le bon, c'est affirmer et renforcer ce que nous sommes, c'est exalter notre condition dans toute sa complexité et même lui chercher encore de nouvelles possibilités, choisir le mauvais ce serait nous démentir, nous diminuer et nous mutiler volontairement, nous rebeller contre ce que nous sommes et contre qui nous sommes. Dans son essai *De l'expérience*, Montaigne affirme qu'« il n'est rien si beau et si légitime que de faire bien l'homme et dûment, ni science si ardue que de bien et naturellement savoir vivre cette vie ; et de nos maladies la plus sauvage, c'est mépriser notre être ».

Mépriser notre condition, autrement dit, devenir son propre ennemi, comme Richard III de Shakespeare l'était devenu pour lui-même. Une auto-inimitié, une auto-haine... que Jean-Luc Nancy exprime ainsi dans son évocatrice réflexion : « La méchanceté ne hait pas telle ou telle singularité : elle hait la singularité en tant que telle, et le rapport singulier des singularités. Elle hait la liberté, l'égalité et la fraternité, elle hait le partage. Et cette haine est celle de la liberté elle-même (elle est donc aussi la haine de l'égalité et de la fraternité elles-mêmes ; le partage se hait, et se voue à la ruine). Ce n'est pas une haine *de soi-même*, comme si la liberté était déjà là et pouvait en venir à se détester, et pourtant c'est la haine du "soi" singulier qui est l'existence de la liberté, et la liberté de l'existence. *Le mal est la haine de l'existence comme telle.* [...] *Mais en ce sens, le mal est dans l'existant comme sa plus propre possibilité de refus de l'existence* [les italiques sont de J.-L. Nancy] » (*L'Expérience de la liberté*).

Cette vision luciférienne de la méchanceté est intellectuellement stimulante sur le terrain de l'éthique, mais je crains cependant qu'elle ne soit également perversement flatteuse. Dans l'imaginaire romantique, choisir le mauvais ne constitue pas seulement une preuve de la grandeur de la liberté, mais quasiment le choix le plus prestigieux... Cependant, la question de fond de l'éthique, c'est de se demander si une telle possibilité de rejet de l'existence humaine existe réellement. Depuis Socrate, de nombreux maîtres dignes d'intérêt ont donné une réponse négative à ladite question. C'est curieux : la véritable objection contre le libre arbitre n'est pas notre impuissance à faire le bien (comme le supposent les gens superficiels), mais notre impossibilité de désirer rationnellement le mal. Dans le chapitre suivant, nous évoquerons à nouveau cette question... et nous l'évoquerons encore, je le crains, bien après avoir conclu les élucubrations de ce livre.

Chapitre V

TRIBULATIONS DE L'ARBITRE

> C'est par l'homme que le mal vient au monde – quelle que soit sa nature. L'histoire commence avec un accident de la liberté et ne s'écarte plus de cette voie.
>
> Rüdiger SAFRANSKI

Le roman *L'Homme qui voulait être coupable*, de l'écrivain danois Henrik Stangerup, se passe à Copenhague, dans un futur immédiat. Il raconte l'histoire de Torben, un homme d'âge mûr, marié et père d'un enfant en âge scolaire. Vers la fin des années soixante-dix, il fut anticonformiste et contestataire à la façon des pacifistes d'Europe du Nord. Lui et sa femme s'étaient fermement opposés au paternalisme d'État qui entendait contrôler l'existence et la formation du citoyen. Torben avait même réussi à publier deux romans sur l'angoisse existentielle de l'être humain aux prises avec un capitalisme galopant. Au début du roman, le couple a déjà accepté de se soumettre à une société surprotégée et hypercontrôlée dans laquelle, lorsqu'ils veulent avoir des enfants, les parents doivent obtenir un certificat d'aptitude, lequel peut à tout moment leur être retiré si leur conduite dévie de la règle dite « normale ». Torben travaille dans un département d'État engagé dans une réforme progressive de la langue qui consiste à modifier les dénominations habituelles pour leur attribuer un contenu positif ou négatif, afin de les orienter socialement dans le sens souhaité par le gouvernement : ainsi, les « impôts » deviennent des « contributions volontaires », tandis que les femmes au foyer qui n'ont pas d'emploi extérieur deviennent des « femmes passives », et ainsi de suite. Dans ce nouveau monde, qui n'est pas heureux mais où l'on tente d'éviter d'être malheureux, Torben s'ennuie prodigieusement. Sa femme, en revanche, semble s'être mieux adaptée, et c'est la raison pour laquelle ils se disputent fréquemment et amèrement. Au cours de l'après-midi qui débute le récit, Torben a déjà trop bu et il continue à se soûler malgré les protestations de son épouse. Finalement, alors qu'il est complètement ivre, sa femme appelle les surveillants qui, le voyant dans cet état, vont probablement lui confisquer son certificat de paternité. Furieux, Torben la roue de coups et finit par la tuer, sous les yeux de son fils.

Les surveillants arrivent enfin et conduisent Torben dans un hôpital psychiatrique, où il est parfaitement traité en bon déséquilibré victime des circonstances. Car, au sein de cette nouvelle société paternaliste, le concept de culpabilité n'existe pas. Voilà pourquoi aucune mesure pénale n'est prise contre lui, on se contente de lui retirer la garde de son fils et de le renvoyer chez lui où l'on a pris soin d'éliminer, avec une méticulosité clinique, toute trace de vie commune avec sa défunte compagne. Pour le reste, on lui conseille juste de reprendre la vie courante. Mais Torben voudrait qu'on le reconnaisse coupable et qu'on le condamne, c'est la seule façon pour lui de se considérer comme un être libre et de justifier qu'on lui ait retiré la garde de son fils. Tous ses efforts sont vains : on le considère de plus en plus déséquilibré et de moins en moins coupable, une catégorie désormais inconcevable. À présent, ce sont les circonstances qui commandent... Puis il finit par rencontrer un journaliste qui lui permettra de s'expliquer, mais seulement dans le but de le présenter au public, dans son émission de télévision, comme un excellent exemple d'inadaptation. Et au final, le journaliste lâchera la phrase qui d'une certaine façon résume sa situation : « Il est des cas où l'individu ne peut pas faire autrement que d'avouer que la conscience existe. » Le roman s'achève au moment où l'on enferme définitivement Torben « pour son bien » dans une unité psychiatrique où l'on traite les patients avec indulgence et où l'on réduit à néant toute conduite déviant de la normalité établie : cet asile psychiatrique s'appelle Le Parc de la félicité.

Le roman de Stangerup dénonce avec vigueur une certaine propension contemporaine à décharger les individus de leurs responsabilités négatives, en mettant celles-ci sur le compte du « système social », de l'influence des moyens de communication, des traumatismes de la petite enfance ou de n'importe quel autre genre de pathologie du comportement. Pour beaucoup, il est préférable de subir une maladie que d'assumer un vice ou la responsabilité d'une mauvaise conduite : il vaut mieux être cleptomane que voleur et les ludopathes, ou même les individus sexuellement dépendants, sont plus respectables (et quelquefois plus « intéressants ») que ceux qui jouent ou forniquent de façon abusive pour leur plaisir. Pour être certain qu'on ne sera pas traité comme un coupable, il faut accepter d'être considéré comme un irresponsable. Bien entendu, on parle déjà d'interventions sur le génome, dont on nettoierait préventivement le code des gènes qui conduisent à commettre un certain type d'excès... Ortega y Gasset a dit « je suis moi et ma circonstance », mais aujourd'hui, nous pourrions dire que les circonstances configurent et s'imposent au moi. La société médicalisée et paternaliste propose de transformer en dépendance, ou en anomalie induite, toute transgression des normes en vigueur : l'hygiène et la clinique remplacent l'éthique. La conscience se décharge de ses mauvais choix et finit par disparaître en tant que conscience. Le prix à payer pour ne pas pécher, c'est de renoncer à être pleinement sujet et d'accepter la mutilation, avec anesthésie scientifique, de notre liberté.

Ce qui est curieux à travers ces soulagements prothétiques de la responsabilité, c'est qu'ils ne fonctionnent qu'avec la culpabilité, jamais avec le *mérite*. Aucun lauréat du prix Nobel ou aucun alpiniste atteignant le sommet de l'Everest n'est prêt à ternir l'éclat de son exploit en l'attribuant à son milieu social ou à son exceptionnelle dotation génétique : ce sont *eux-mêmes*, contre vents et marée, qui ont étudié, qui ont fait des efforts et qui ont vaincu l'incompréhension ou les difficultés, etc. Nous sommes excellents grâce à nous-mêmes, mais nous sommes mauvais ou déficients *malgré* nous-mêmes. Cependant, ce *déterminisme partiel* (comme le nomme Ruwen Ogien, en se référant à ces fameuses théories qui nous considèrent libres de faire le bien, mais conditionnés par des circonstances insurmontables lorsque nous agissons mal) n'est pas du tout, et loin s'en faut, une invention du protectionnisme étatique moderne. Bien au contraire, il jouit de très illustres précédents philosophiques et remonte ni plus ni moins à Socrate lui-même. Sans doute constitue-t-il un des problèmes les plus fascinants posés par notre condition d'êtres pratiques, c'est-à-dire d'êtres aptes à choisir librement.

Aussi bien le témoignage de Xénophon dans ses *Memorabilia*, que celui de Platon dans plusieurs de ses dialogues (*Ménon*, *Gorgias*, *Protagoras*...) s'accordent à montrer que, pour Socrate, la vertu – c'est-à-dire la disposition à bien agir – dépend de la connaissance et se présente même à son tour comme une forme de connaissance. Bien agir est une conséquence directe de savoir en quoi consiste le bon : qui connaît le bon le préférera et agira comme il se doit. Celui qui agit mal ne le fait pas parce qu'il désire directement le mal, mais seulement parce qu'il croit que cela lui permettra d'obtenir quelque chose de bon pour lui : le caractère mauvais de son comportement est caché, tout comme est caché le poison dans le verre d'eau fraîche bu par l'assoiffé qui n'a pas la moindre intention de se suicider. D'après cette doctrine – si nous l'interprétons correctement –, lorsque le sujet humain découvre le bon, il le préfère *toujours* au mauvais : « Personne ne fait le mal en sachant ce qu'il fait, tout comme personne n'est heureux contre sa volonté. » L'essence de la méchanceté se trouve seulement dans l'ignorance morale. Lorsque nous choisissons en toute connaissance, nous choisissons le bon car c'est cela qui convient à notre nature ; nous ne faisons le mal qu'aveuglément, en nous leurrant, involontairement. C'est un « déterminisme partiel », dirait Ruwen Ogien, car nous faisons le bien volontairement et faisons le mal obnubilés par les circonstances. On pourrait même dire que c'est un déterminisme total, car nous n'avons pas d'autre solution que de vouloir le bon, et de faire le mal sans le vouloir... Dans ses dialogues plus tardifs, Platon affine cette perspective en introduisant certains éléments passionnels qui peuvent empêcher l'individu de choisir le bon, tout en continuant à reconnaître ce qui est bon. Et plus tard Aristote parlera longuement d'*acrasie*, de cette faiblesse de la volonté qui conduit le sujet à préférer le mauvais, tout en sachant qu'il existe une option meilleure qu'il refuse cependant de choisir. Voilà dans quoi nous sommes pris.

Les deux exemples canoniques d'*acrasie* que l'on cite couramment, depuis que R. M. Hare les a proposés dans *Freedom and Reason* (1963), sont celui de la Médée d'Ovide et celui de saint Paul. Dans les *Métamorphoses*, le poète latin fait dire à la légendaire magicienne ce vers mémorable : *Video meliora proboque, deteriora sequor* (« Je vois le meilleur que j'approuve, mais je suis en quête du pire »). Il est probable que cela traduise et synthétise brillamment une pensée proche de celle de *Médée* d'Euripide. De son côté, saint Paul, dans son *Épître aux Romains*, explique que le bien n'habite pas en lui, c'est-à-dire dans sa chair, parce que « vouloir le bien est à ma portée, mais pas son accomplissement : puisque je ne fais pas le bien que je veux et commets le mal que je ne veux pas ». Nous pourrions ajouter, en troisième exemple, l'histoire du scorpion et de la grenouille racontée par Orson Welles dans *Monsieur Arkadin*. Un scorpion demande à une grenouille de lui faire traverser la rivière sur son dos ; au début, la grenouille refuse, car elle a peur de la piqûre mortelle du scorpion, mais celui-ci finit par la convaincre avec un argument logique : « Si je te pique, tu mourras, et je mourrai moi aussi noyé. » À mi-chemin, là où l'eau est la plus profonde, le scorpion ne peut cependant pas se retenir de planter son dard venimeux dans le corps du pauvre batracien. Sur le point de trépasser, la grenouille lui demande pourquoi il a eu un comportement aussi absurde : « Toi aussi tu vas mourir à présent ! » Et le scorpion lâche un profond soupir de résignation : « Je n'y peux rien, c'est mon caractère... »

Dans les trois cas, le sujet discerne (ou assure qu'il discerne) nettement le bon du mauvais et cependant il choisit de mal agir malgré ce que lui-même estime préférable.

L'*akratès* (qui manque de volonté) n'est pas fier de sa faiblesse, au contraire, on dirait qu'il agit volontairement, mais *malgré* sa volonté : il voudrait être socratique, mais il découvre avec une certaine confusion que ça lui est impossible... C'est ainsi qu'Aristote distingue l'*akratès* de l'*akolastos*, ce déréglé dont les perversions réitérées le conduisent à se persuader qu'il agit bien alors qu'il commet les pires choses. D'après le maître de Stagire, personne ne peut être *akratès* s'il est en pleine possession de ses facultés : il y a toujours un certain genre d'obnubilation, comme l'ébriété, la colère, la peur ou la concupiscence... Souvenons-nous de ce qui conduit Torben à assassiner sa femme dans le roman de Stangerup. De son côté, Platon préfère expliquer ce comportement paradoxal en faisant appel aux trois sortes d'âmes qui selon lui existent chez l'homme : l'âme calculatrice ou rationnelle, l'âme impulsive et l'âme du plaisir ou de la concupiscence... Le sujet peut se laisser séduire par une de ces deux dernières âmes pour mal agir malgré ce que sait sa raison, tout comme une cité composée majoritairement de personnes honnêtes peut se retrouver accidentellement gouvernée par un tyran belliqueux et lubrique. Cette doctrine platonicienne est à mettre en parallèle avec les topiques de Freud, car elle est également encline à des triangulations psychiques : l'inconscient, le subconscient et le conscient ou le surmoi, le moi et le ça, au sein desquelles l'instance qui connaît et a le meilleur sens de la réalité est souvent tyrannisée par de puissantes et obscures pulsions ignorant les conditions d'une moralité socialement acceptable.

Ce qui est certain, c'est qu'il ne suffit apparemment pas de savoir ce qui est bon pour agir automatiquement bien. En premier lieu parce qu'on a précisément l'impression qu'il existe un certain conflit *prima facie* entre ce qui est bon pour moi et ce qui est bon pour les autres. Macbeth assassine Duncan car il veut prendre la couronne d'Écosse, qu'il imagine être quelque chose de bien pour lui ; le caractère mauvais de son action, l'assassinat, est aussi mauvais pour Duncan, c'est une espèce de dommage collatéral du bien auquel il aspire. Tout au long de cette tragédie, il aura le temps de s'apercevoir qu'il n'avait pas considéré correctement les choses. L'autre facteur qui intervient, c'est le temps, dont nous avons déjà examiné l'importance pour la motivation de l'action. Quelque chose de bon à court terme, de façon immédiate, aura plus de poids que des choses bonnes ou mauvaises dans un futur lointain : le plaisir immédiat de la cigarette s'impose face à la crainte du cancer du poumon ou même au désir plus global d'une vie saine. Mais l'urgence passionnelle du moment entre également en jeu : Álvaro de la Iglesia, un humoriste du Pays basque aujourd'hui oublié, écrivit que la chasteté devrait être protégée par une de ces vitres qui protègent les extincteurs dans les lieux publics et sur lesquelles on peut lire : « briser en cas d'incendie ». Mais ce genre d'élans est-il vraiment irrépressible ? Kant pensait que non : il proposait l'exemple d'un homme adultère poussé par un désir apparemment incontrôlable qui, au moment de se mettre au lit pour consommer son envie, aperçoit à travers la fenêtre de la chambre l'échafaud sur lequel il va tout de suite après être exécuté. Et le moraliste affirmait que cette circonstance devait contribuer à éteindre définitivement ses ardeurs : il faut bien dire que, dans ce cas, nous sommes tentés de l'approuver...

Un élément essentiel se cache derrière ce problème qui, si je ne m'abuse, rend notre façon d'aimer radicalement différente des appétits de notre famille zoologique la plus proche : nous ne faisons pas simplement que désirer, nous *désirons désirer* également certaines choses plutôt que d'autres. Un tel dédoublement est sans doute dû au fait que, comme nous l'avons indiqué au chapitre précédent, nous vivons simultanément notre vie biologique et une existence symbolique – imbriquée à l'intérieur de la première – qui possède ses propres exigences et sa propre prudence. Harry Frankfurt, et de nombreux autres penseurs à sa suite, ont réfléchi à propos du « désir de désirer ». L'être humain évalue en permanence, mais il ne se contente pas seulement d'évaluer ce qui est désirable à partir de ses propres désirs, il évalue également ses désirs, leur pertinence ou leur bassesse. Nous désirons certaines choses que nous considérons cependant indignes d'être désirées (d'un point de vue plus général ou plus généreux), et nous ne désirons pas certaines choses que nous désirerions désirer (parce que nous considérons qu'elles sont nobles et que nous pensons qu'elles pourraient faire de nous de meilleures personnes), il est des choses que nous nous forçons parfois à désirer (ou que nous avons été éduqués à désirer) et que nous finissons par désirer vraiment, etc. Notre désir n'est quelquefois qu'un caprice et d'autres fois une recherche de l'excellence, parfois un appétit et certaines fois une conscience citoyenne ou une recherche de la sainteté.

Ce jeu des désirs, bien que la valeur de chaque carte soit imprimée en termes absolus ou abstraits, peut être facilement mélangé et varie en termes relatifs selon le jeu auquel nous avons choisi de jouer (l'as peut ainsi être la plus forte carte dans certaines parties et dans d'autres jeux ne valoir qu'un point, c'est-à-dire moins que toutes les autres cartes). Nous battons et coupons fréquemment les cartes de nos désirs pour souhaiter en toute bonne conscience ce que nous ne désirerions jamais explicitement désirer : « On ne peut pas désirer la pauvreté pour les autres sans se sentir moralement méprisable, mais on peut désirer la baisse des impôts. On ne peut pas désirer le prolongement de la famine africaine sans se haïr soi-même ; mais on peut se réjouir de la baisse des prix des matières premières » (Zygmunt Bauman, dans *Freedom*). L'*akratès* se laisse convaincre par la carte la plus intéressante du moment sur la table de jeu, même s'il sait qu'il pourrait faire des gains bien plus importants et qu'il ne renonce pas complètement à de futures levées de plus grande envergure. Parfois, il se donne à lui-même l'ordre de désirer ce qu'il connaît de meilleur et il échoue dans sa tentative, subissant un désarroi que saint Augustin a très bien décrit : « Quelle est donc la cause de cet effet si prodigieux et si étrange ? Mon esprit commande à mon corps, et il trouve dans le corps une prompte obéissance. Mon esprit commande à soi-même, et il trouve en soi-même une forte résistance » (*Confessions*).

Cependant, toute chose ne dépend pas des faiblesses et des traîtrises de la volonté. Il faut y ajouter les erreurs de la raison elle-même. Si nous pouvons dire en toute vérité que dans la plupart des cas nous agissons rationnellement, nous sommes bien forcés d'accepter que l'irrationalité soit également une de nos possibilités. Comme le montre Ruwen Ogien, « nous jugeons *irrationnel* celui qui maintient son adhésion à des croyances contradictoires, tout en sachant qu'elles le sont, ou celui qui nie des évidences qu'il lui est impossible d'ignorer » (*La Faiblesse de la volonté*). Mais il n'y a pas que des sujets habituellement peu rationnels, car chacun d'entre nous peut très bien se conduire comme eux dans certains cas lorsque notre action est soumise à d'inhabituelles pressions. Et il nous arrive plus d'une fois de prendre comme modèle cet ivrogne qui, au milieu de la nuit, cherche la clé de sa maison par terre sous un lampadaire, non pas parce qu'il l'a fait précisément tomber à cet endroit, mais parce que c'est là qu'il y a le plus de lumière... N'importe qui peut se laisser éventuellement *ensorceler* par une raison pouvant avoir du poids en d'autres circonstances, mais qui n'en a pas dans le cas présent. Lorsque l'on tente de justifier des faillites, des guerres et toute sorte d'autres désastres, on est fréquemment aux prises avec une espèce d'*imbécillité intelligente*, rationnellement argumentée mais esquivant les critiques raisonnables. Christian Morel, dans *Les Décisions absurdes*, tente de tracer la sociologie et l'épistémologie des erreurs radicales et persistantes : pilotes et copilotes décidant d'éteindre le seul moteur qui fonctionne encore sur un avion qu'ils tentent de sauver ; ou d'autres pilotes qui, perdant rapidement leur carburant et apercevant la piste d'atterrissage devant eux, décident de survoler encore un instant l'aéroport pour tranquilliser les passagers ; pétroliers se déroutant en haute mer et allant heurter un autre pétrolier pour obéir pointilleusement à un règlement inefficace ; conférenciers projetant des transparents illisibles en étant convaincus que cela va aider le public ; entreprises réalisant des enquêtes d'opinion internes avec un échantillon de population inadéquat et orientant la stratégie de production à partir de ces résultats, etc. Une des conclusions les plus intéressantes du travail de Christian Morel, c'est que les décisions absurdes sont pratiquement toujours des décisions *collectives*, elles sont issues d'un travail d'équipe : soumis à des relations de groupe, les individus se livrent à des absurdités qu'ils auraient rejetées s'ils avaient pensé tout seuls.

Dans son livre intitulé *Vom Schlechten des Guten oder Hekates Lösungen* (« Le mauvais de ce qui est bon »), Paul Watzlawick évoque une des situations qui donnent souvent lieu à des décisions perversement erronées : lorsqu'une solution a fonctionné de façon satisfaisante à petite échelle, on croit que la généraliser à haute dose résoudra définitivement le problème. Autrement dit, comme je me suis aperçu que boire un petit coup de gin avant ma conférence me désinhibait et me déliait la langue, je décide de boire toute une bouteille pour atteindre une éloquence idéale. Mais l'exemple que je préfère, dans *Les Décisions absurdes* de Christian Morel, est celui de ces ingénieurs qui, pour protéger les énormes fusées spatiales des intempéries, avaient eu l'idée de leur ménager un abri comme s'il s'agissait de simples automobiles ou de bicyclettes : le hangar qu'ils avaient construit à cet effet était d'une taille si colossale – en fait c'était le plus grand espace couvert artificiel du monde – qu'un microclimat s'installa à l'intérieur, avec pluies, orages, éclairs, etc. À savoir toutes les mauvaises conditions climatiques qu'ils avaient tenté d'éviter ! D'autres fois, c'est la complexité des facteurs qui demande à être soupesée et celle-ci finit quelquefois par pervertir le jugement pratique : pendant la Seconde Guerre mondiale, les membres de la Croix-Rouge avaient accès aux camps de prisonniers d'Auschwitz et de Treblinka, à l'est de l'Europe, et ils prirent ainsi connaissance de l'extermination des juifs par les nazis. Ils préférèrent passer cette horreur sous silence de peur qu'on ne leur interdît de rendre visite aux prisonniers de guerre et pour ne pas provoquer la vengeance des nazis contre la Suisse, patrie de l'organisation humanitaire. Il est difficile de juger avec droiture lorsque tout se distord et s'embrouille dans le feu de l'action.

Le libre arbitre (la faculté de choisir et d'inventer des actions, de vouloir ou de ne pas vouloir) a été une notion largement étudiée depuis que saint Augustin l'a introduite. Certains la mystifient jusqu'à la rendre intellectuellement indigeste, d'autres la nient tout en la pratiquant ou la combattent en la confondant avec l'omnipotence (menant jusqu'au paradoxe le vieil adage : « vouloir, c'est pouvoir »). Il est très à la mode aujourd'hui que de temps à autre un neurophysiologue se penche sur le cortex cérébral, qu'il découvre une synapse intéressante entre deux neurones et qu'il explique, tandis qu'il boit un verre avec des amis « lettrés » après avoir retiré sa blouse de laboratoire et s'être douché, que ses recherches viendront tôt ou tard à bout du libre arbitre, même si ce dernier, concède-t-il, devra probablement toujours demeurer une « illusion nécessaire ». En effet, une illusion tout aussi nécessaire que l'est encore aujourd'hui l'art de Velázquez, malgré l'utilisation de la chimie pour analyser les pigments de ses tableaux et celle des rayons X pour étudier ses supports...

Le concept philosophique le plus sérieux qui s'oppose ou qui relativise la liberté humaine, c'est le *destin*. Lorsque l'être humain regarde devant lui, vers le futur, pour évaluer les différentes possibilités qui s'offrent à lui et pour planifier son choix, il croit à la liberté ; mais lorsqu'il se tourne en arrière et qu'il observe sa vie, non plus comme un projet, mais comme un résultat, il a l'impression que tout s'est produit de façon fataliste, en accord avec une conception préétablie et nécessaire. Le destin c'est ce que l'on n'a pas choisi et qui choisit à notre place... à travers nos choix apparents. Et même si nous ne croyons pas au concept général de destin, selon lequel tous les événements sont prédestinés (comme l'ont pensé entre autres les stoïques), il semble inévitable de croire au moins à un destin plus limité mais inexorable : la mort. Comme le dit Marcel Conche dans son passionnant *Temps et Destin*, en suivant à sa façon les traces de Heidegger : « Le non-être est le destin de tout être particulier. » La mort est « destin » en ce sens que nous ne la choisissons pas et que nous choisissons toujours contre elle, mais sans jamais parvenir à l'éviter ; de la même façon, le destin tragique d'Œdipe était de tuer son père et d'épouser sa mère, ce qui finalement se produisit malgré l'intention tout autre de ses actions. En tant que partie de notre destin mortel, nous ne choisissons pas non plus, mais nous affrontons le temps qui nous conduit au dénouement tant redouté. « Ce n'est pas volontiers, ni librement, que je vais mourir, car si je pouvais choisir, ce n'est pas cela que je choisirais. Mais ce n'est pas non plus librement que je passe d'un instant à l'autre et que je m'approche ainsi, inexorablement, de l'instant de la mort » *(Temps et Destin)*. Le temps et la mort constituent notre destin, ce que nous ne choisissons pas et qui encadre nos choix et finalement les annule : il n'y a pas moyen de nier ce destin, ni de libre arbitre qui vaille contre lui. Nietzsche a parlé de l'*amor fati*, de l'amour pour l'irrémédiable. Sincèrement, je ne vois pas comment on peut « aimer » le *fatum* sans que ce sentiment ne soit rhétorique ou perverti par la résignation ; mais en revanche, je crois que notre destin mortel nourrit les amours effectifs que nous adressons à des enfants dont le sort éphémère nous pousse à nous réveiller et à nous attendrir... car nous sommes libres de partager le destin avec eux, mais pas de l'éviter.

Certains ont cru voir dans le suicide une façon de précipiter volontairement la mort et la démonstration la plus aboutie de la liberté humaine. « S'ôter la vie », « se donner la mort » : voilà en quoi consisterait l'entreprise de rébellion suprême contre la destinée de notre condition. Moi, je ne vois absolument pas les choses ainsi : ce sont des actions libres, bien évidemment, mais elles restent sous le joug de notre destin comme n'importe quelle autre entreprise. Que l'on considère qu'il s'agit d'un geste courageux, comme d'aucuns le clament, ou d'une lâcheté, comme d'autres le pensent, ce qui est évident c'est que le suicide obéit « nerveusement » à quelque chose qui n'a pas d'issue. La déconfiture du destin ne pourrait venir que des actions inverses, si notre liberté avait la capacité d'aller jusque-là : *se donner la vie, s'ôter la mort*. Conquérir une vie dépourvue de temps, se débarrasser volontairement et avec bonne volonté de la mort... Mais le morceau est vraiment trop gros à avaler, y compris malgré l'appétit insatiable dont fait preuve notre ambition de vouloir. Comme nous le rappelle Aristote, personne ne peut *délibérer* le fait d'être mortel. Face à notre destin unique et inéluctable, nous ne pouvons que nous prévaloir de quelques prothèses : les éphémères et donc précieuses institutions de la liberté.

Chapitre VI

LES INSTITUTIONS DE LA LIBERTÉ

> La liberté est née comme un privilège et depuis lors elle l'est demeurée. La liberté divise et sépare. Elle sépare les meilleurs du reste. Elle séduit grâce à la distinction : sa présence ou son absence reflète, marque et cimente le contraste entre le haut et le bas, le bon et le mauvais, ce que l'on désire et ce qui nous répugne.
>
> Zygmunt BAUMAN

Le poète Pierre Reverdy a écrit : « Il n'y a pas d'amour, il n'y a que des preuves d'amour. » En le paraphrasant, nous pourrions écrire à notre tour : « Il n'y a pas de liberté, il n'y a que des *preuves* de liberté. » La première preuve, c'est notre propre témoignage personnel, celui de notre conscience qui se sait apte à choisir, à refuser et parfois à inventer... bien que souvent elle ne parvienne pas à préciser de façon satisfaisante les motifs qui déterminent les choix, les refus et même les inventions. Nous savons tout à fait que nous sommes libres, mais nous ne connaissons pas du tout les méandres qu'emprunte notre liberté ni les stimulants qui l'agitent. La deuxième preuve, la plus visible, est constituée par nos œuvres, car la liberté humaine *laisse des traces* autour de nous, dans le monde. Selon une distinction de base d'Aristote, l'action n'est pas seulement une option et une décision, elle peut aussi être une création : ce n'est pas seulement la pratique qui guide notre vie, c'est aussi la « poétique » qui produit des choses et transforme la réalité. Si nous regardons autour de nous, nous voyons partout les résultats efficaces de l'exercice de la liberté, superposés et imposés au devenir des événements naturels. Le paysage de notre liberté, présente et future, est configuré à partir des réalisations de la liberté que nous avons déjà exercée...

Cela est dû à un aspect essentiel de notre condition, sur lequel nous, les théoriciens de la liberté éthique et politique (pour ne pas parler de ceux qui préfèrent évoquer la liberté économique !), mettons rarement l'accent : la *vulnérabilité* humaine. Alasdair MacIntyre est un des seuls à s'intéresser à cet aspect essentiel (quoiqu'il se montre peu convaincant sur les conséquences qu'il en tire) lorsqu'il assène que nous sommes des animaux « rationnels », mais également « dépendants ». La recherche acharnée de notre liberté ne consiste pas, dans la plupart des cas, à utiliser de façon ludique et agréable notre excédent de force (comme semble vouloir le dire Nietzsche), mais plutôt à tenter de remédier à nos manques et à pallier nos faiblesses constitutives et donc récurrentes, grâce à une entraide réciproque. Tout au long de la vie, de notre enfance déshéritée à notre invalide vieillesse, en passant par mille contretemps qui nous accablent, nous sommes plus sujets au besoin qu'à la surabondance. Dans ce genre d'épreuves, nous manquons pour une large part du secours automatique des instincts, et particulièrement du plus impitoyablement efficace d'entre eux : le sacrifice immédiat ou l'abandon des plus faibles lorsqu'ils ne guérissent pas assez vite. Nous avons développé une mémoire symbolique qui ne nous permet pas de nous désintéresser aisément des autres. De telle sorte que, face aux adversités continuellement rencontrées, nous comptons toujours sur notre faculté d'agir en société, en mettant les choses en commun. Être rationnellement actif, c'est s'efforcer de devenir indépendant par rapport aux va-et-vient de la nature (qui n'est pas faite pour nous satisfaire) en renforçant notre dépendance par rapport aux liens sociaux (qui ont été inventés pour nous). Vivre en société, c'est vivre dans un milieu artificiel, c'est-à-dire dans un milieu où l'homme a sa place et *importe*... contrairement au milieu naturel, au sein duquel nous comptons si peu qu'il n'a même pas besoin de nous être hostile pour nous détruire comme un rien.

La première chose que la raison identifie, ce sont les *dangers* : et elle y réagit, elle invente et dresse des prévisions. L'œuvre maîtresse, première et fondamentale, de la liberté humaine, c'est la norme sociale, la règle de notre collaboration et le contrat de l'assurance d'une protection réciproque. Tout le reste vient en supplément. Aujourd'hui, nous qui grandissons et vivons dans des sociétés organisées les subissons comme une autre sorte de nature et nous nous plaignons des limites qu'elles nous imposent, de la solitude et de l'abandon « naturels » que nous éprouvons en leur sein malgré leurs accueillantes promesses. Il s'agit d'un bon exemple du « mauvais de ce qui est bon » dont parle Paul Watzlawick et que nous avons évoqué dans le chapitre précédent : souvenons-nous du gigantesque hangar qui devait protéger les fusées spatiales des intempéries et qui a fini par reproduire lui-même les pires conditions climatiques ! Mais ces frustrations peuvent être dénoncées et corrigées autant qu'on le désire, car elles dépendent de notre pratique et non d'autres mécanismes spontanés et indifférents à nos désirs, tels que les catastrophes naturelles. Nous pouvons toujours trouver un arrangement avec la société, en revanche la nature poursuit infatigablement son chemin. C'est la raison pour laquelle Spinoza a expliqué que l'homme était plus libre dans la cité des hommes, malgré les lois injustes et l'ignominie des tyrans qui sont nos semblables, que dans la forêt et dans la jungle.

L'association fondée sur des lois et des coutumes, qui est l'œuvre de notre liberté d'êtres dépendants et vulnérables, tente de définir un environnement dans lequel nous puissions développer des choix qui ne soient pas toujours des questions de vie ou de mort. Un environnement où le temps serait pensé en accord avec la mesure réduite de notre cycle de vie et non pas d'après la taille effarante des cycles cosmiques. Puisque nous sommes sociables, nous vivons en accord avec le souvenir de ce que nous avons aimé et de ce que nous avons perdu, mais aussi en exerçant des prévisions qui vont nous permettre de conserver encore un instant ce que nous aimons maintenant... et se réduit à de minuscules détails par rapport à l'infinitude du temps que personne ne sait parfaitement calculer (l'invention sociale d'un Dieu contradictoirement personnel et éternel tente de trouver de façon imaginaire cet impossible calcul). La société est pour nous une prothèse fondamentale qui nous permet de lutter, depuis la liberté, contre le destin...

Chacune des institutions que nous instaurons de façon pratique (les lois, les coutumes, les techniques, etc.) tente de nous fournir un point de départ et un appui pour *renforcer* notre liberté d'action, tout en adoucissant les choix irrémédiables à la vie à la mort auxquels nous contraint notre condition extrêmement vulnérable d'êtres naturels, pour nous permettre d'en faire d'autres plus enrichissants. Si nous avions dû chaque matin tout réinventer pour survivre, l'effort pour acquérir notre liberté n'aurait jamais pu s'affranchir des diktats les plus immédiats de la nécessité. Les stimulations incessantes de l'incontrôlable univers, ses dangers et ses menaces nous imposeraient un combat qui anéantirait nos forces créatrices ; ces énergies qui – socialement protégées par les institutions – ont ensuite appris à se tourner vers des plaisirs et des explorations moins urgents. Sans doute Arnold Gehlen est-il le penseur contemporain qui a le mieux su insister sur l'importance des institutions humaines – à l'ensemble desquelles nous avons donné le nom de « culture » – dans le développement et la libération de notre personnalité rationnelle. La conception naïve considère que nous aurions pu être plus authentiques et originaux si nous n'avions pas eu un moule culturel pour orienter et préfigurer la plupart de nos choix quotidiens. Mais ces restrictions nous évitent des dilemmes angoissants et nous permettent de concentrer notre faculté d'invention dans un domaine où nous pouvons être plus fructueusement libres. Pour le dire comme Gehlen, « si les institutions nous réduisent en quelque sorte à l'état de schémas, même si elles impriment leur marque non seulement à notre comportement, mais aussi à notre pensée et à notre sensibilité et les rendent typiques, c'est quand même d'elles que nous tirons les réserves d'énergie qui nous permettent de manifester notre caractère unique à l'intérieur même de la vie que nous menons, c'est-à-dire d'agir de façon fructueuse, inventive, féconde. Qui tente d'affirmer sa personnalité non pas à l'intérieur de la vie qu'il mène, mais en toutes circonstances, ne peut qu'aboutir à l'échec » (*Anthropologie et psychologie sociale*). C'est ainsi que l'on peut expliquer l'attachement à des actions routinières et même à un conservatisme acharné dans le quotidien de grands artistes ou de penseurs qui ont révolutionné les domaines spécifiques dans lesquels ils ont exercé leurs dons. Bien entendu, des institutions trop rigides et trop autoritaires risquent également de frustrer la vocation innovatrice de l'individu : l'antagonisme polémique entre les choix collectifs institutionnellement cristallisés et la liberté créatrice de certaines personnalités exceptionnelles est toujours angoissant.

La culture n'est pas seulement le produit de notre disposition à agir intelligemment, elle a également favorisé l'importance de notre aptitude cérébrale à choisir et à inventer. Comme l'ont expliqué Edgar Morin ou Clifford Geertz, nous sommes dans une large mesure le fruit principal de nos propres travaux. Les êtres humains d'aujourd'hui ne sont pas le simple résultat de l'évolution biologique, mais plutôt l'œuvre d'art créée par l'aptitude pratique de nos ancêtres. Le développement de l'humanité est notre principale tâche et notre meilleur artifice. La liberté non seulement nous définit, mais elle a également contribué de façon décisive à nous configurer en tant qu'espèce. L'instrument essentiel de cette transformation est le *langage*, l'institution humaine par excellence qui a une importance incomparable et dont dépend la dimension symbolique qui se superpose à notre existence biologique et la conditionne dans une large mesure. La plupart des actions humaines sont des actions de communication, y compris la pensée elle-même, débitrice désormais nécessaire du langage, qui est toujours une communication intériorisée. Étant donné que nous vivons en parlant avec autrui ou avec nous-mêmes dans une langue que nous n'avons pas inventée, mais qui nous a été transmise, les choses les plus intimes de notre subjectivité sont irrévocablement *sociales*. Et en effet la réalité du monde objectivée de façon compréhensive répond également à des règles de communication ; c'est une chose à propos de laquelle

Jürgen Habermas a longuement insisté : « L'objectivité du monde que nous supposons lorsque nous parlons ou agissons est si fermement liée à l'intersubjectivité au moyen de laquelle nous nous entendons les uns les autres sur le "mobilier" du monde, qu'il nous est impossible de contourner ce lien, ou de le rompre à partir de l'horizon qui s'ouvre à nous par le langage et constitue notre monde vécu intersubjectivement partagé » *(Kommunikatives Handeln und detranszendentalisierte Vernunft)*. Le langage est l'échelle de Jacob le long de laquelle nous grimpons, mais aussi l'ange indispensable avec lequel nous devons combattre barreau après barreau...

Après le langage, l'autre institution décisive de la liberté, grâce à laquelle nous protégeons notre vulnérabilité et nous élargissons notre capacité de choisir, c'est la *technique*. Certains zoologues s'évertuent à montrer que d'autres animaux sont capables d'incidentes réussites techniques et même d'une éventuelle transmission à leurs semblables : comme dans le cas des réussites « conceptuelles » de certains singes et du fonctionnement « social » d'autres espèces, ce sont précisément ces ressemblances qui soulignent de façon éclatante le caractère particulièrement unique du « cas humain ». Car l'incessante recherche technique est sans nul doute notre façon de vivre et non pas une aide occasionnelle pour atteindre tel ou tel objectif désiré. C'est pourquoi l'incessante réitération de ces ennuyeuses fadaises à propos du soi-disant effet « déshumanisant » de la technique (qu'on a déjà entendues à l'époque de l'invention du chemin de fer ou du téléphone et qui continuent à faire des prosélytes parmi les derniers de la classe à propos du scandale du micro-ondes, d'Internet ou de l'énergie nucléaire) est vraiment surprenante. Bien entendu, il existe ponctuellement des réussites techniques qui peuvent s'avérer dangereuses ou involontairement dévastatrices, mais en soi-même la technique est notre entreprise la plus spécifiquement humaine. Les entêtés « bons sauvages » qui renoncent aux dernières avancées de la technique et s'accrochent au four à bois et à l'agriculture sans pesticides ne font pas abstraction de la technique, ils tentent seulement de se contenter de ses états antérieurs... qui furent en leur temps probablement considérés avec la même méfiance que la technologie de pointe aujourd'hui. Si un être humain réussissait vraiment à sortir tout à fait de la démarche technique, il ne retournerait pas enfin dans le giron harmonieux de la nature, il trahirait tout simplement sa propre nature, pareil à un castor qui refuserait de construire des barrages sur les rivières ou à une abeille qui ferait la grève des ruches : ce serait le comble de l'antinaturel...

Car la technique n'est pas seulement recommandée pour son utilité (elle consiste à faire des choix pratiques *objectivés* et *dynamisés* de façon autonome), mais elle configure avant tout le rapport polémique et spécifiquement humain entre la « liberté » et le « destin ». Le chemin accéléré de la technique, jalonné d'imprévus, remplace la voie évolutive beaucoup plus sereine que suivent les autres espèces animales, et il possède de remarquables avantages. Michel Serres a expliqué cela de façon très éloquente dans sa contribution « Le temps humain : de l'évolution créatrice au créateur d'évolution » contenue dans un ouvrage collectif intitulé : *Qu'est-ce que l'humain?* Pour résumer à l'extrême son argumentation : l'évolution biologique favorise le développement d'instruments spécialisés chez les animaux (des griffes, des tentacules, des nageoires ou des ailes, des pelages chauds, etc.), dont chaque espèce tire incontestablement profit, mais qui comportent deux inconvénients majeurs pour les individus : le premier et le plus important, c'est que cela demande des plages de temps extrêmement longues et donc le sacrifice de millions de vies dans les états intermédiaires de leur devenir évolutif; le deuxième, c'est qu'après avoir obtenu l'outil efficace, celui-ci est fixé corporellement de façon définitive et il est donc impossible de s'en passer, même lorsque ce n'est pas utile – ou que son usage est contre-indiqué – à la suite d'un changement quelconque des circonstances environnementales. Le progrès technique, en revanche, raccourcit considérablement le temps nécessaire pour obtenir les bénéfices, car ses conquêtes sont presque immédiatement rentables, tout au plus quelques générations, et il protège plus de vies humaines qu'il n'en met en danger. De plus, les résultats de cette sorte d'« exo-darwinisme » sont transportables et peuvent être reportés à volonté, de telle façon que l'on peut les utiliser seulement lorsque cela est nécessaire et les mettre de côté en prévision d'occasions plus appropriées lorsqu'ils ne sont pas utiles (comparons par exemple ce que signifient une queue préhensile et une hache en silex pour leurs utilisateurs respectifs...). La technique offre une efficacité rapide et une disponibilité permanente. Comme le dit Michel Serres : « Qu'est-ce que la technique ? Une économie formidable de la mort et du temps. » Autrement dit, un ensemble de prothèses librement choisies et inventées pour résister, du moins en partie, à notre destin.

Conjointement aux avancées techniques qui augmentent notre aptitude à agir sur n'importe quel terrain et dans n'importe quelle circonstance, nous avons également développé un autre genre d'outils symboliques qui nous permettent non plus seulement de mieux manipuler, mais aussi de comprendre et d'accepter les données irrémédiables de notre condition biologique. C'est grâce à ces outils que nous sommes devenus intellectuellement – et avec résignation ? – compatibles avec les aspects de notre destin finalement impossibles à retourner en notre faveur. À ce propos, Edgar Morin explique : « Comment ne voit-on pas que ce qui est le plus biologique – la naissance, le sexe, la mort – est en même temps ce qui est le plus imbibé de symboles et de culture : naître, mourir, se marier sont aussi des actes fondamentaux religieux et civiques. Nos activités biologiques les plus élémentaires, manger, boire, dormir, déféquer, s'accoupler sont étroitement liées à des normes, interdits, valeurs, symboles, mythes, rites, prescriptions, tabous, c'est-à-dire à ce qu'il a de plus spécifiquement culturel » (*L'Humanité de l'humanité*). Cet arsenal d'artefacts mentaux, discursifs et sociaux facilite intimement notre *compatibilité* d'êtres qui inventons et choisissons grâce à cette chose qui spontanément nous constitue et que nous ne pouvons choisir de rejeter : le corps avec son destin de temps et de mort.

Le sens le plus classique du mot « liberté » provient du champ politique et non de l'éthique ni de la philosophie ou de la psychologie de l'action. Et c'est également à des questions d'ordre politique que pense la majorité des personnes lorsqu'elle entend parler de liberté ou de libertés. De fait, nous pourrions affirmer que la politique traite dans son essence de la façon d'organiser et de distribuer la liberté dans la société humaine (ce point est développé au troisième chapitre de la deuxième partie de ce livre). Dans un tel contexte, la liberté ne se réfère pas à ce que nous *voulons* faire, mais plutôt à ce que nous *pouvons* faire ; elle ne traite pas des motifs des décisions prises par un individu, mais plutôt des rapports de forces entre semblables, c'est-à-dire de hiérarchie, de domination, d'égalité et d'émancipation. L'histoire débute ainsi : au commencement, il y avait l'esclavage. Pour les Grecs – bien avant que cela ne devienne un concept positif – la liberté était la négation de l'esclavage, dont la menace planait en permanence sur les individus et les cités, comme une conséquence des guerres. Et il semble même raisonnable de préciser qu'à l'origine l'esclavage préoccupait davantage les femmes que les hommes, car les hommes triomphaient ou mouraient au combat, mais, en cas de défaite, les femmes subissaient toujours l'esclavage. Le problème d'Andromaque, c'est l'esclavage, tandis que celui d'Hector s'appelle : Achille ou la mort. Comme beaucoup d'autres revendications, la revendication pour la liberté fut avant tout féminine, puis elle devint globalement humaine.

Dans cette Grèce qui nous inspire encore aujourd'hui, était dit « libre » celui qui n'avait pas à obéir à un maître ou n'était pas forcé de travailler pour un autre ou de rester immobile dans un lieu à la disposition de cet autre : était dit « libre » celui qui pouvait aller et venir, faire ou ne pas faire. Hannah Arendt explique que : « Selon l'étymologie grecque, c'est-à-dire selon l'interprétation du grec par les Grecs, *eleutheria* est *eleuthein hopõs erõ*, “aller où bon vous semble”, et il n'est pas douteux que la liberté fondamentale était comprise comme liberté de mouvement. Était libre celui qui bougeait comme il l'entendait ; le critère était le Je-peux, non le Je-veux » (*La Vie de l'esprit*).

La question de base repose donc sur la contradiction entre celui qui pouvait et celui qui ne pouvait pas, l'esclave et l'homme libre, celui qui était soumis à des obligations et celui qui jouissait de privilèges. Pour que certains soient libres, d'autres devaient être esclaves, qu'il s'agisse de relations extérieures entre cités ou de règles de citoyenneté au sein de la *polis*. D'après Zygmunt Bauman, ce conditionnement primitif se perpétue dans le concept de liberté politique tout au long des siècles : « Pour qu'*une* personne soit libre, il faut qu'il y en ait au moins *deux*. La liberté suppose un rapport social, une asymétrie de conditions sociales ; elle implique essentiellement une différence sociale, elle suppose et implique la présence de la division sociale. Certaines personnes peuvent être libres seulement dans la mesure où il existe une sorte de dépendance dont elles peuvent aspirer à s'évader » (*Freedom*). Le devenir du développement politique – comme transformation idéologique et comme révolution dans la structure du pouvoir – a historiquement consisté en une lutte pour l'élargissement du nombre de sujets titulaires de la liberté : abolition de l'esclavage, suppression de la division généalogique entre ceux qui sont nés pour commander et ceux qui sont nés pour obéir, droit pour tous à pouvoir choisir ou révoquer ceux qui gouvernent, égalité devant la loi sans discrimination de sexe ou de religion, même droit à la liberté d'expression des idées ou à la fondation de groupes politiques et professionnels, etc.

Cependant, il existe encore aujourd'hui des discriminations entre les personnes authentiquement libres et celles qui, dans certains domaines essentiels, demeurent objectivement subjuguées. Le citoyen qui est né au sein d'une puissance dominante ne jouit pas de la même liberté que celui qui est né dans un pays du tiers-monde ou que l'émigrant qui se présente dans un pays développé privé de biens et de garanties. Ceux qui contrôlent le prix des matières premières sur les marchés internationaux ne sont pas libres de la même façon que ceux qui doivent se résigner à voir se dévaluer inexorablement leurs seules sources de richesse. Les gens du Moyen Âge parlaient très justement de deux types de liberté politique : la *libertas a coacione*, celle qui nous émancipe de la tyrannie interdisant de participer de façon égalitaire à la gestion de la chose publique, et la *libertas a miseria*, celle qui sauve des obligations infligées par le manque de moyens dans ce monde bien particulier du « tu possèdes tant, et donc tu vaux tant ». À de trop nombreuses occasions, c'est la misère (économique ou culturelle) qui conditionne inévitablement la soumission de nombreuses personnes aux tyrannies « démocratiques » imposées par les *beati possidentes*. Il est probable qu'aujourd'hui, les plus grandes différences entre les personnes libres de fait et les personnes que l'on dit libres sont établies par l'accès à l'information : pour être libre, il est indispensable de « savoir » plus de choses que ceux qui ne le sont pas et contrôler les moyens de « communication » pour diffuser aussi bien la connaissance que les falsifications stratégiques qui fréquemment en tiennent lieu...

D'après la désolante, et cependant parfaitement fondée, opinion de Bauman, « l'effectivité de la liberté demande que certaines personnes ne soient pas libres. Être libre signifie avoir le droit et la capacité de cantonner d'autres personnes dans la non-liberté ». C'est ainsi que cela s'est passé sous les régimes coloniaux du XIXe siècle, sous les totalitarismes fascistes et communistes au cours du XXe siècle (quelques-uns de ces derniers perdurent encore aujourd'hui), mais aussi sous le système multinational du capitalisme globalisé, où la liberté de choix vital se voit compulsivement remplacée par la liberté de choix devant l'offre de consommation. Sans doute que les luttes politiques du XXIe siècle – et de combien d'autres siècles encore ! – vont consister à élargir la liberté effective de ceux qui n'en jouissent encore aujourd'hui que de façon tronquée, subalterne. Cependant, la question de fond, du moins pour le théoricien de la politique, n'est plus de savoir si cette démarche émancipatrice va pleinement triompher un jour ou l'autre, la question est désormais de savoir si nous pourrons continuer à parler de « liberté » dans une société enfin lavée de toutes les sortes d'« esclavage ».

Seconde partie

CHOIX RECOMMANDÉS

Chapitre VII

CHOISIR LA VÉRITÉ

> Que s'affrontent la vérité et la fausseté ; a-t-on jamais vu la vérité avoir le dessous en une rencontre franche et loyale ?
>
> JOHN MILTON

Il y a de cela quelques années, j'ai vu sur une chaîne de télévision espagnole une émission qui m'a tout spécialement impressionné. Je veux dire qui a provoqué chez moi à la fois de l'indignation et de la consternation : je ressens encore aujourd'hui ce même état lorsqu'il m'arrive de m'en souvenir. Il s'agissait d'une programmation hebdomadaire qui présentait des débats en général tumultueux à propos de phénomènes paranormaux, de miracles, de soucoupes volantes et de bizarreries bon marché du même genre. À l'époque chaque chaîne proposait quelque chose sur le sujet et l'on publiait plusieurs magazines sur ces questions brûlantes, en rivalisant d'invention. Peut-être cet attrait s'est-il aujourd'hui estompé, je ne suis pas très au fait de ces choses : mais le plus probable serait que le commerce ait continué à être rentable.

L'émission de cette soirée fatidique, sur laquelle je suis tombé par hasard ou par ennui, traitait de la combustion spontanée. En ce qui me concerne, je ne connaissais pas ce phénomène, mais la plupart des invités considéraient qu'il s'agissait de quelque chose d'habituel et d'aussi courant que le coucher du soleil : cela consiste à ce que soudain, sans autre forme de procès, une personne se mette à brûler sans cause justifiée ni excuse valable. Il est apparemment fréquent que, parmi tous ces fumeurs qui nous demandent du feu dans la rue, il y ait d'autres personnes dont le feu sort du fond d'elles-mêmes sans pouvoir y remédier, un peu comme l'inspiration chez les poètes. La liste de ces calcinés spontanés est semble-t-il conséquente et la plupart des invités sur le plateau pouvaient fournir un de ces cas attestés par plusieurs amis présents au moment des faits ou qui s'étaient entretenus avec des personnes présentes. Quelqu'un avait même évoqué le témoignage d'« éminents scientifiques américains » qui, se consacrant à l'étude de ces événements flamboyants, préféraient néanmoins taire leur nom par crainte des représailles de leurs collègues ignifuges ou même des pompiers.

D'après ce que j'ai appris lors de cette savante veillée, les écoles divergent à propos de ce qui ou de celui qui provoque ce prodige répété. Certains éléments inconnus, composant le corps humain, interviennent dans cette affaire, mais aussi les taches du soleil et la pollution atmosphérique : bien entendu, de temps à autre, les extraterrestres viennent prêter main forte de façon tout à fait désintéressée. Une seule voix discordante s'élevait contre le chœur approbateur de ces convaincus : il s'agissait de celle d'un professeur de chimie d'une université madrilène. Avec une obstination courtoise, et cependant inébranlable, il s'efforçait de n'offenser personne – ah, si j'avais été à sa place... ! –, il soutenait que poser le problème de cette façon rendait la combustion physiquement impossible et scientifiquement absurde. Tout le monde s'accordait à se moquer de lui : il avait bien entendu été invité dans ce but. On lui rétorquait grossièrement que c'était un représentant du dogmatisme le plus éculé, de l'étroitesse mentale et du rationalisme le plus constipé, de l'autocomplaisance prétentieuse d'une pensée dominante qui refuse d'accepter ce qu'elle ne sait pas contrôler ou ce qui la dérange, alors que la vérité est au coin de la rue ! Seul et modeste paladin des lumières bafouées, le professeur souriait et continuait de résister. Finalement, un de ses adversaires, je crois que c'est le même qui avait traité les autorités scientifiques d'ignorantes, lui assena : « Comment pouvez-vous prétendre que quelque chose soit impossible en vous retranchant derrière la science ? Sachez, monsieur, que la science contemporaine est régie par deux grandes règles : la théorie de la relativité d'Einstein, qui nous enseigne que tout est relatif, et le principe d'indétermination de Heisenberg, selon lequel nous ne pouvons être sûrs de rien à l'échelle subatomique. Ainsi donc . vive la combustion spontanée ! » C'est à cet instant précis que j'éteignis mon téléviseur ou, du moins, que je changeai de chaîne. Indigné, affligé... irrémédiablement naïf.

Un peu plus tard dans la soirée, alors que j'étais déjà couché, j'ai commencé à me tourner et à me retourner dans mon lit, obsédé par la fameuse question que l'on attribue à Pilate : qu'est-ce que la vérité ? Alors qu'on aurait tout à fait pu la poser différemment : la vérité existe-t-elle ? Mais surtout et avant tout : pourquoi hait-on, méprise-t-on et *craint*-on la vérité ? Pourquoi dans un premier temps la vérité nous manque-t-elle, alors qu'ensuite nous en avons de trop et que cependant elle ne nous suffit jamais ? Pour moi, il est évident que celui qui cherche et réclame la vérité ne manque pas d'imagination et surtout pas de courage. Il ne souffre pas non plus d'une quelconque stupidité devant l'étonnement ou l'émerveillement poétique : car ce qui est vraiment étonnant et poétique ce n'est pas que quelque chose qui n'a pas été allumé se mette soudain à brûler, mais plutôt que nous sachions comment cette chose s'allume et brûle. Le merveilleux c'est la réalité présente du feu, ce n'est pas de l'étouffer sous de truculentes légendes et de grossières superstitions. Que chaque chose soit comme elle est et réponde à sa propre nature, bien que tout ce qui existe semble être la proie d'une incessante transformation, devrait suffire à tenir en éveil, étonné et curieux, un esprit raisonnable. Si cela se passait ainsi, cette fantaisie miraculeuse n'ajouterait rien à l'aspect fascinant du monde : combien de temps, celui qui s'ennuie à regarder comment, printemps après printemps, fleurissent les roses, prendrait-il plaisir à les voir fleurir en hiver ou seulement les nuits de pleine lune ? Non, celui qui rejette la vérité du réel n'aspire pas à une alternative plus riche ou plus complexe, mais seulement à glisser parmi les règles objectives, qui ne lui obéissent pas, des exceptions arbitraires dont il deviendrait alors le maître. Certains esprits dérangés ont des difficultés à assumer que le réel n'ait pas attendu leur aval pour se constituer en tant que tel. Je pense que c'est à cela que faisait allusion T. S. Eliot lorsqu'il expliqua que les humains ne peuvent supporter la réalité qu'à petite dose... À l'inverse, saint Augustin a soutenu que, malgré les apparences, tous les hommes aiment spontanément la vérité. La preuve ? Même les plus fieffés menteurs n'acceptent pas facilement d'être trompés...

Bien entendu, tous les adversaires de la vérité ne combattent pas sous la même bannière. Certains vont même jusqu'à soutenir qu'ils aiment tellement la vérité qu'ils ne veulent pas la voir soumise à ses traditionnels critères et vérifications (les partisans de la combustion spontanée font prétentieusement partie de cette bande) : ils rejettent la science tout simplement parce qu'elle est trop arrangeante ou étriquée et qu'ils s'y sentent à l'étroit. D'autres, en revanche, prétendent que la vérité n'est pas objectivement décidable, et qu'elle est une construction sociale intersubjective, en constante réinvention, que les intellectuels dominants obligent l'ensemble de leur communauté à partager, jusqu'au moment où le pouvoir change de mains et de discours. Il existe une troisième variante, plus classique celle-là, qui accepte en théorie l'éventuelle existence de quelque chose qui ressemblerait à la vérité, mais qui écarte la possibilité pour les humains d'y accéder de façon fiable, les réduisant tout au plus à une soumission résignée ou utilitaire envers certaines apparences trompeuses qui leur conviennent sur l'instant. En abondant dans ce sens, il ne manque pas de gens pour prétendre que l'énoncé de certaines vérités est un symptôme de *paresse* intellectuelle, la démission prétentieuse de l'esprit critique qui aurait plutôt dû poursuivre son travail de sape anticonformiste. Enfin, ceux qui ne formulent pas la moindre réserve épistémologique contre la vérité, qu'ils condamnent pour de simples raisons « esthétiques », lui préférant le charme délicieux du fantastiquement impossible ou le réconfort d'un monde surnaturel, méritent à peine d'être cités. Je dois certainement oublier de mentionner d'autres familles dans cette énumération rapide, mais il est fort probable qu'elles soient de simples ramifications de celles déjà citées.

Il convient de souligner que, pour un amoureux de la vérité, chacune de ces attitudes ne manque pas de vérité. Même pour nier de façon vraisemblable la vérité, il est indispensable de manipuler certaines autres vérités et ce n'est certainement pas là la moindre des qualités qui rend le vrai supérieur à ses contraires. D'après Spinoza, la vérité est un indice d'elle-même et aussi de ce qui est faux : lorsque nous établissons la vérité, nous obtenons également le moyen de savoir *à quelle distance* de celle-ci se situe le faux et dans quelle mesure c'est en vérité faux. De nombreux objecteurs de conscience contre la vérité s'opposent en réalité à un autre fantasme : la Vérité avec un V majuscule. Ils pensent que la Vérité n'existe pas et que si toutefois elle existait, ils se rebelleraient contre elle :

et dans les deux cas ils ont bien raison, car aussi sûr qu'il existe des vérités pour notre connaissance, la Vérité totale et absolue est une chose absurde (autrement dit une chose qu'on ne sait par quel bout prendre, ni comment la comprendre, une chose dont on ne peut même pas intelligiblement regretter l'absence) qui appartient aux limbes de la théologie (comme le Bien, le Beau ou le Sens de la Vie) et dont l'ombre paralyse tout ce qu'elle assombrit plutôt qu'elle ne guérit les paralytiques, comme on a dit que le faisait l'ombre du Christ. Car la vérité, c'est toujours une vérité ici et maintenant, à propos de quelque chose : c'est une *position* et donc elle ne peut pas devenir un absolu sans se saborder elle-même. La Vérité en termes absolus n'existe pas, tout comme la Gauche et la Droite absolues (je parle de topologie, pas de politique) n'existent que par rapport et en accord avec une orientation bien définie. Ce qui ne signifie certainement pas que toutes les vérités sont « relatives », si nous entendons par là qu'elles seraient moins vraies que ce qu'elles pensent ou devraient l'être, de la même façon que ce qui se trouve à gauche ou à droite – même si ce ne sont pas des termes absolus – n'est en réalité pas moins à gauche ou à droite qu'il ne le faudrait. Ce sont des positions qui se réfèrent à quelque chose (et en ce sens elles ne sont pas « absoutes » de tout rapport déterminant, comme semble l'exiger l'Absolu), mais qui ne subissent pas le moindre « relativisme » dans ce que ce terme implique de « déficitaire » ou de peu fiable. Ce serait précisément leur manque de référence concrète, leur position impossible dans l'inconditionnel, qui les invaliderait totalement...

De telle façon que je peux à présent réitérer la première question qui m'est venue à l'esprit lors de ce débat télévisé et au lieu de me demander : qu'est-ce que la vérité ?, préférer cette question : qu'est-ce qui est « vrai » ? C'est une inquiétude sans doute moins intense que la précédente, mais à laquelle il n'est pas moins facile de répondre avec naturel. Tentons-le cependant, en ayant recours à cette opinion classique : la « vérité », c'est la coïncidence entre ce que nous pensons ou disons et la réalité qui survient. Disséquons la chose, comme dirait Jack l'Éventreur. La « vérité » est une qualité de notre façon de penser ou de parler à propos de ce qu'il y a, mais pas un attribut ontologique de ce qu'il y a. On dit ou l'on pense des choses « vraies », mais il n'existe pas de choses vraies en soi (ni de choses fausses, bien entendu). La vérité est une coïncidence, une *réussite* : c'est la position de celui qui prétend savoir ce qui correspond le mieux à ce qu'il prétend déjà su. Ainsi donc la vérité ne se trouve pas seulement chez celui qui connaît, ni exclusivement dans ce qui est connu, mais elle réside plutôt dans la correspondance qui doit s'instaurer entre les deux, tout comme nous pourrions dire que la précision du tir n'est ni dans la flèche de Guillaume Tell, ni dans la pomme qui se trouve sur la tête de son fils, mais plutôt dans la judicieuse conjugaison des deux. Ni l'archer, ni l'arc, ni la flèche, ni la cible ne sont suffisants pour que le tir soit réussi : il faut que tout cela se conjugue harmonieusement. Il en va de même avec la vérité.

Parler de « coïncidence » ou de « correspondance » suppose d'assumer que nos cogitations et nos affirmations se réfèrent à quelque chose de différent et d'indépendant de celles-ci. Nous pouvons provisoirement appeler cette chose la « réalité ». Nous pensons et parlons à partir de faits ou d'états de choses – qui constituent la réalité – auxquels se réfèrent les idées et les mots que nous utilisons. Bien entendu, si de ce point de vue rien n'est réel (comme semblent l'affirmer différentes variétés anciennes, modernes et postmodernes de l'*idéalisme* philosophique), la vérité manque d'objectivité, puisqu'elle n'est pas mieux que ce que croit ou crée celui qui pense et parle. À mon avis, choisir la vérité signifie accepter un certain type de réalité objective, indépendante. Et il me semble extrêmement probable que la dévalorisation ou la relativisation dépréciative de la vérité ne soit au bout du compte qu'une sorte de réprobation de la réalité. Bref, tout à l'heure nous avons dit que la « vérité » est la coïncidence entre ce que nous pensons ou disons et la réalité qui *survient*. Ce qui vient d'être souligné est très important, car il existe plusieurs niveaux ou types de vérité (je les ai appelés les « champs de la vérité », en hommage à ces terrains des faubourgs dans les cités médiévales où il était possible de se racheter grâce à un tournoi, à une ordalie ou à quelque autre jugement de Dieu), et chacun d'eux entend coïncider avec un aspect particulier et caractéristique du réel. Tous les champs de la vérité, et par conséquent tous les niveaux du réel dont ils voudraient rendre compte, ne sont pas les mêmes. Les réalités qui devraient remplir ce que le professeur Searle appelle (entre autres dans *Mind, Language and Society*) les « conditions de satisfaction » sont essentiellement différentes. Je crois qu'elles sont assez antagonistes de la vérité, car elles ignorent qu'il existe différents champs de la vérité et des réalités tout aussi différentes requises pour les satisfaire ou les démentir. Elles nient totalement la coïncidence vérificatrice, car elles présupposent de façon erronée que la pensée ou le langage doivent toujours se positionner par rapport à un même type de réalité...

Étudier suffisamment les différents champs de la vérité et les types de réalité auxquels ils se réfèrent exigerait un double traité qui combinerait métaphysique et épistémologie. Nous devrons nous contenter ici de quelques exemples qui permettront d'indiquer les chemins que pourrait prendre cette recherche à laquelle nous renonçons. Pour commencer, considérons ces affirmations : « Lope de Vega naquit à Madrid en 1562 » ; « Lope de Vega est l'auteur de *Fuenteovejuna* » ; « Lope de Vega fut le phénix de tous les génies » ; « Lope de Vega est le plus grand dramaturge espagnol du Siècle d'or ». Chacune d'elles appartient à un champ de la vérité plus ou moins distinct ou, si l'on préfère, possède des conditions de satisfaction différentes. La première et la deuxième se réfèrent à des faits que l'on peut vérifier au moyen de recherches historiques (registres paroissiaux, témoignages de l'époque, etc.) bien que l'une traite de l'existence d'un fait physique et l'autre de la paternité d'une action symbolique. Dans le premier cas, dire que l'affirmation est vraie signifie que si nous avions été là un certain jour du XVIe siècle, à une heure bien précise dans un endroit parfaitement déterminé, nous aurions pu voir la naissance d'une créature humaine de sexe masculin que l'on aurait un peu plus tard baptisée Félix Lope de Vega y Carpio. Ici, le champ de la vérité est très étroit : la chose a eu lieu ou n'a pas eu lieu, sans plus d'ambiguïté. La paternité de *Fuenteovejuna* implique également des faits physiques concrets (un certain personnage écrivant avec une plume d'oie, par exemple, ou dictant des vers à un scribe, etc.) mais elle ne se réduit pas à cela. Avoir la paternité, être l'« auteur » d'une œuvre littéraire ne se réduit pas simplement à la transcrire ou à la copier, il faut d'abord *l'inventer*. Que l'attribution de cette œuvre à Lope de Vega soit vraie implique que l'écrivain, même s'il s'est inspiré d'une légende ou d'une histoire du passé, et même s'il a emprunté plusieurs métaphores et autres tropes littéraires à différents auteurs, soit considéré du point de vue et selon les critères de la critique littéraire comme le responsable artistique fondamental de l'œuvre en question. Le champ de la vérité auquel s'adresse cette affirmation peut également être nettement défini, malgré un certain nombre de considérations un peu moins précises que dans le cas précédent.

Les conditions de vérité requises pour satisfaire les deux autres propositions sont beaucoup plus ambiguës. Est-ce que Lope de Vega fut réellement le phénix de tous les génies ? On peut parfaitement vérifier sur la foi de plusieurs documents que celui-ci reçut ce titre aussi flatteur de la part d'un certain nombre de ses contemporains et que par la suite d'autres ont repris cet éloge à leur compte. Mais si ce que nous désirons savoir, c'est jusqu'à quel point il mérite un tel renom, le champ de la vérité devient alors beaucoup plus fluide. Cette dénomination élogieuse est une espèce de métaphore empruntée à une légende grecque et reprise sur le plan littéraire, elle ne cherche pas à être exacte, elle veut seulement être émotionnellement expressive. Ainsi, elle peut avoir des aspects véridiques et faux *à la fois*, selon le point de vue adopté et le goût esthétique de chacun. L'ambiguïté est bien plus importante si l'on tente de déterminer jusqu'à quel point Lope de Vega est le « plus grand » dramaturge de son temps en Espagne. Dans ce cas, les critères de satisfaction du champ de la vérité deviennent particulièrement *relatifs*, car ils dépendent de ce que l'on entend par « le plus grand dramaturge » et de l'estime subjective qu'inspirent à chacun les œuvres dudit auteur. Plutôt que vraie ou fausse, cette opinion peut nous sembler « vraisemblable » ou « invraisemblable », c'est-à-dire qu'elle peut avoir dans ce cas de discutables apparences de vérité (plus importantes en tout cas que si l'on affirmait que Lope de Vega fut « le plus grand cuisinier ou le plus grand spadassin de son temps »).

Tous les types de vérité ne sont pas les mêmes, mais cela ne signifie pas que le concept de vérité manque de contenu ou que toute « vérité » soit une construction aussi capricieuse et imprécise que les faussetés qu'on lui oppose. Affirmer que « certaines personnes subissent une combustion spontanée sans la moindre cause extérieure » peut être vrai si, et seulement si, certaines personnes endurent de fait ce type de combustion, ce qui nous obligerait bien entendu à revoir presque tout ce que nous savons de la physique, de la chimie et des règles mêmes de la pensée scientifique. Quoi qu'il en soit, la vérité ou la fausseté de cette affirmation ne dépend pas simplement de l'« imagination » des scientifiques ni de leur façon d'« interpréter » la réalité, mais plutôt d'événements qui se produisent dans le monde extérieur sans leur demander l'autorisation ni un quelconque assentiment. En revanche, lorsque Quevedo – dans un célèbre et brillant sonnet – écrit :

Âme dont la prison fut tout un Dieu,
Veines au flux qui nourrit un tel feu,
Moelle qui s'est consumée, glorieuse,

Leurs corps déserteront, non leur tourment ;
Cendres seront, mais sensibles pourtant ;
Poussière aussi, mais poussière amoureuse[1].

la vérité que ces vers renferment est d'un genre poétique et dépend de la sensibilité culturelle du lecteur. C'est-à-dire qu'elle ne peut être confirmée ni infirmée par un événement du monde extérieur, mais seulement par l'aptitude interprétative des personnes qui recréent dans leur esprit l'expérience spirituelle à laquelle se réfère le poète. Les personnes qui ne verraient pas la « vérité » des vers de Quevedo (même en faisant partie de sa discipline et de sa tradition culturelle) pourraient être considérées comme de tristes philistins esthétiques, mais leur cas serait plus défendable que celui des

1. Traduction (non publiée) de Jacques Ancet. (*N.d.T.*)

fameux partisans de la combustion spontanée qui refusent de se soumettre à un contrôle scientifique pertinent concernant les phénomènes qu'ils acceptent de façon acritique.

Ce que je voudrais démontrer, c'est la chose suivante : le fait que toute vérité ne puisse être établie de la même façon n'équivaut pas à dire qu'il est sans fondement de prétendre à la vérité. Poser le problème ainsi est parfaitement compatible avec plusieurs sortes (je suppose, modérées) de scepticismes. La mise en garde fondamentale du sceptique établit que, même si notre croyance en la vérité ou en la fausseté d'une chose semble suffisamment évidente, nous ne pouvons jamais écarter le fait qu'on a pu néanmoins se tromper. Montaigne le formule ainsi : « Ce que je tiens aujourd'hui et ce que je crois, je le tiens et le crois de toute ma croyance [...]. Je ne saurais embrasser aucune vérité ni conserver avec plus de force que je fais celle-ci. J'y suis tout entier, j'y suis voirement ; mais ne m'est-il pas advenu, non une fois, mais cent, mais mille, et tous les jours, d'avoir embrassé quelque autre chose à tous ces mêmes instruments, en cette même condition, que depuis j'aie jugée fausse ? Au moins faut-il devenir sage à ses propres dépens » (*Apologie de Raymond Sebond*). Admettre cette possibilité d'erreur entraîne un certain trouble mais aussi de la prudence et du bon sens : en tout cas cela n'implique pas, à mon avis, de renoncer à trouver des vérités, même si elles sont destinées à être révisées, ni de considérer l'une d'entre elles aussi valable que les faussetés qui satisfont illusoirement un de nos caprices superstitieux.

Les partisans de la vérité absolue, ou du fait que seul le Tout peut être vrai, partagent avec les sceptiques un dédain envers ce que nous pourrions appeler des vérités « portables », c'est-à-dire ces vérités qui comptent réellement, pour nous, dans la vie et dans la science. Au début de sa *Phénoménologie de l'esprit*, Hegel propose au lecteur l'exercice suivant : choisissez la vérité qui vous semble la plus évidente et irréfutable selon l'expérience du moment, par exemple le fait qu'actuellement il fait jour. Notez-la sur une feuille de papier, car la vérité ne perd rien pour être écrite : « Maintenant il fait jour. » Attendez six ou sept heures et lorsque vous relirez la phrase qui énonce cette vérité, vous vous apercevrez qu'elle est devenue fausse de façon tout aussi évidente et irréfutable. Puis il faudra poursuivre l'expérience en choisissant une vérité dépourvue de conditionnements temporels, spatiaux et expérimentaux, etc. Cependant, un lecteur avisé de Hegel pourrait, en réalisant cette expérience, préciser le fuseau horaire et l'heure à laquelle il la réalise et ainsi la modeste vérité serait plus protégée de l'ouragan de l'absolu. Aussi scrupuleux soit-on, il est impossible de nier que nos convictions les plus documentées peuvent tôt ou tard devenir erronées. Mais la possibilité même de se tromper implique qu'il est également possible de réussir : si rien n'était vrai, rien ne pourrait être faux. Les erreurs découragent les gens pressés, ou ceux qui ont la nostalgie de l'immobilisme des dogmes, mais elles instruisent peu à peu les autres. D'après Popper, nos vérités sont ces affirmations congruentes aux événements réels qui résistent aux tentatives de démonstration de leur fausseté. Mais contrairement à Spinoza, sans doute l'erreur est-elle précisément son propre indice et celui de ce qui est vrai. Pour le dire avec les mots de Popper, « nous ne disposons pas de critères de la vérité, et cette situation nous incite au pessimisme. Mais nous possédons bien des critères qui, *la chance aidant* [l'italique est de Popper], peuvent nous permettre de reconnaître l'erreur et la fausseté ». C'est grâce à de semblables tâtonnements que peu à peu nous établissons provisoirement les vérités scientifiques dont l'intuition nous est refusée si l'on emprunte des chemins plus directs : chercher la vérité est un exercice de modestie. Car effectivement, comme l'a dit Ernest Gellner, il s'agit d'« enquêter » et non de « posséder ».

Si nous n'assumons pas cet exercice de modestie, nous ne nous sentirons pas plus libres mais encore plus asservis par les imposteurs. La plupart des gens qui prétendent se méfier de la vérité ou qui nient qu'elle soit plus qu'une simple « convention sociale » ne se caractérisent pas dans leur vie quotidienne par le fait de ne croire en rien, mais plutôt par celui de croire en n'importe quoi. Et ils croient surtout n'importe qui : celui ou celle qui va le mieux incarner la mode intellectuelle de l'époque, celui ou celle qui séduit ou intimide le plus efficacement. Renoncer à l'objectivité de la vérité – qui est intersubjective – équivaudrait à accepter de nous soumettre aux diktats de la première subjectivité étrangère venue (nous connaissons de trop près les ruses de notre propre subjectivité pour qu'elles nous convainquent, sauf dans certains cas de perturbation mentale). Voilà pourquoi Antonio Machado écrivit ceci :

Pas ta vérité : la vérité.
Et viens avec moi la chercher.
La tienne, garde-la-toi.

Celui qui refuse de se soumettre à la réalité devra se contenter d'obéir à des ordres ou de croire à des prophéties étrangères. Il est fort probable que le dédain postmoderne envers le sens traditionnel de la vérité (c'est-à-dire de la vérité comprise comme une concordance entre nos affirmations et les événements du monde extérieur) ne soit en partie que les jérémiades de ces subjectivités ambitieuses qui ne se résignent pas à avoir moins d'ascendant social que celui que l'on concède aux résultats objectifs de la recherche scientifique. Searle attribue à cette « volonté de pouvoir » (académique ou idéologique) la responsabilité de la remise en question de toute réalité indifférente à nos projets : « Dans les universités, et de façon très évidente dans plusieurs disciplines relatives à l'humanisme, on suppose que s'il n'existe pas un monde réel, les humanités peuvent traiter la science sur un pied d'égalité. Les deux ont affaire avec des constructions sociales, pas avec des réalités indépendantes » (*Mind, Language and Society*). Cette attitude, qui ne renonce pas à imiter « créativement » les apparences de la science, conduit à des impostures telles que les dénonciations de la fameuse affaire Sokal ou, comme nous l'avons vu plus haut, telles que certaines émissions télévisées. Évidemment les académiciens et idéologues scientistes ne sont pas meilleurs, qui – ignorant l'existence de différents champs de la vérité – voudraient régler les questions axiologiques ou esthétiques en apportant *ultima ratio* des résultats obtenus en laboratoire...

Notre connaissance est limitée et incertaine, mais elle existe et elle est remarquable pour notre vie. Comme l'a dit Max Horkheimer (dans *Matérialisme et Métaphysique*), « que nous ne sachions pas tout ne signifie pas, d'aucune façon, que ce que nous savons soit l'inessentiel, et ce que nous ne savons pas l'essentiel ». Il est aussi absurde de croire en l'omnipotence de notre raison comme en celle de notre ignorance : absurde et *dangereux*. Parmi les choix de notre liberté, aucun n'est aussi indispensable et rempli de sens que celui qui prend l'option de préférer et de rechercher la vérité.

Chapitre VIII

CHOISIR LE PLAISIR

> Et tous ceux que vous définissez comme des amants du *plaisir* sont aussi des *amants du beau et du juste*, et tous continuent à pratiquer la vertu.
>
> CICÉRON

> À parler sagement, nous avons plus d'intérêt à jouir du monde qu'à le connaître.
>
> SAINT-ÉVREMOND

Au cours de mon éducation française, j'ai subi la tardive influence d'André Gide. Ce qui m'impressionna durablement, dans son roman *L'Immoraliste* – que j'avais décidé de lire surtout fasciné par le titre –, ce fut cette référence historique dont j'ignore si elle est vraie : « Mais, l'avouerai-je, la figure du jeune roi Athalaric était ce qui m'y attirait le plus. J'imaginais cet enfant de quinze ans, sourdement excité par les Goths, se révolter contre sa mère Amalasonthe, regimber contre son éducation latine, rejeter la culture comme un cheval entier fait d'un harnais gênant, et, préférant la société des Goths impolicés à celle du trop sage et vieux Cassidore, goûter quelques années, avec de rudes favoris de son âge, une vie violente, voluptueuse et débridée, pour mourir à dix-huit ans, tout gâté, soûlé de débauches. » Lorsque j'entends encore aujourd'hui le mot « plaisir », je pense d'abord à cet Athalaric évoqué par Gide plutôt qu'à notre discret et mesuré Épicure ou à Montaigne.

Il s'agit probablement de la conséquence logique, mais le fait qu'elle soit logique ne la rend pas moins indésirable ou morbide, d'une éducation puritaine sous la cléricale dictature franquiste (il est indéniable que l'éducation imposée à Gide fut également puritaine). Car cette fantaisie à propos d'Athalaric, comme épitomé du plaisir, condense toutes les charges assénées par le puritanisme contre son immonde dessein : immaturité, rébellion, grossièreté inculte, abus et mort prématurée. Tout cela constitue une image littéralement *tentatrice*, c'est-à-dire qu'elle attire, repousse et terrifie à la fois. Ou, ce qui revient au même, qu'elle terrifie *parce qu'*elle attire et repousse à la fois : voilà en quoi consiste la séduction de ce qui est répugnant, de ce qui promet un plaisir qui dissoudra ce que nous sommes. « Lorsque tu jouiras, tu deviendras toute ta jouissance, et tu n'auras plus besoin d'être "toi"... » Peut-être que dans le jardin d'Éden l'influençable Ève interpréta de façon erronée le discours du serpent : bien renseigné qu'il était, l'ophidien ne lui expliqua pas qu'après avoir mangé le fruit de l'arbre du bien et du mal ils seraient, elle et Adam, comme des dieux (à la façon du Dr Jekyll en train d'avaler sa potion pour se transformer en Hyde désinhibé), mais plutôt que la pomme était si savoureuse qu'après l'avoir dégustée ils n'auraient plus envie d'être divins, c'est-à-dire un être par excellence. Bref, qu'ils n'auraient que faire d'être ou de ne pas être des dieux... parce qu'ils se sentiraient divinement (bien). Mais Ève et surtout Adam avalèrent en toute hâte le fruit défendu, sans le savourer, en recherchant quelque chose *après*, et voilà pourquoi ils perdirent les meilleurs effets de cette nourriture terrestre et qu'ils ne firent qu'en subir les conséquences, puisque le plaisir n'est pas un moyen instrumental d'obtenir quelque chose, et qu'il n'est pas une fin en lui-même, mais l'agréable volatilisation de la distinction entre les fins et les moyens, sans avant ni après. Ève et Adam ne sont pas tombés du paradis parce qu'ils ont obéi au serpent en le prenant pour une autre invocation de Dieu, mais parce qu'ils ont cru que c'était une pharmacienne qui leur proposait un remède contre la maladie de ne pas être Dieu...

Mais revenons aux reproches puritains contre l'abandon au plaisir, nettement plus visibles dans le cas d'Athalaric, qui m'impressionna tellement *in illo tempore*, au point que je n'ai jamais réussi à les oublier ni à les dépasser (bien que je les ai alors assumés et que je les accepte aujourd'hui comme le visage nécessaire de la vraie volupté face à ce qui ne la partage pas) : immaturité, rébellion, grossièreté inculte, abus et mort prématurée. Examinons-les l'un après l'autre. Je commence par l'immaturité. Pour un puritain, l'être mûr est celui qui a intériorisé l'inexorable loi imposant de surseoir aux compensations désirables et de ne pas désirer les compensations auxquelles il est impossible de surseoir. L'urgence du plaisir contrevient donc à cette règle de prudence. Tout *ajournement* disparaît dans le déchaînement du plaisir, et toute volonté d'ajourner se présente comme une arrogance timorée. Le plaisir ne compense pas pendant un temps bref – ainsi que le craignent les calculateurs –, ni même hors du temps – comme le supposent quelques romantiques idéalisants –, il compense tout simplement contre le temps, contre le calcul qui soumet le présent aux avertissements préventifs du futur ou aux leçons du passé. Le moment de plaisir est antitemporel, car il immunise de façon péremptoire contre les récompenses ou les punitions de l'avenir, tandis qu'il nous identifie à ce qu'il a toujours été, à une chose passée qui s'actualise *impeccablement*. Voilà pourquoi Borges, qui a tenté d'ébaucher une nouvelle réfutation du temps (mais il l'a qualifiée de « nouvelle » afin de suggérer ironiquement son échec), expliqua qu'à l'instant vertigineux du coït tous les hommes sont les mêmes – la même chose – ou que ceux qui lisent avec conviction et entendement un vers de Shakespeare sont l'indivisible et récurrent Shakespeare. Le plaisir assouvi sera toujours ce qui a déjà été et ne se préoccupe pas de ne bientôt plus être. Ce qui n'est pas encore clos ni fini, ce qui n'a pas de destin défini, ce qui jouit d'une soudaine fraîcheur face à l'éternité parcheminée. Qu'on me permette ici une de ces références hippiques dont je raffole. Au siècle dernier, un propriétaire juif de chevaux de course appela un de ses champions *Never Say Die* (« Ne dis jamais mourir »), et une de ses meilleures pouliches *Never Say No* (« Ne dis jamais non »). Il fit ensuite s'accoupler le poulain et la femelle et baptisa leur progéniture *Adolescence*. Si ç'avait été un mâle, il aurait pu l'appeler *Athalaric*...

Deuxième accusation : rébellion. Rechercher le plaisir, c'est se rebeller contre la noble obligation sociale de partager les douleurs imposées par la lutte collective contre la nécessité. La souffrance fructueuse, le sacrifice solidaire qui entraînent à la fois cicatrices et prestige sont la base de toute moralité publique digne de ce nom. Les moments de récréation semblent être plutôt mal vus par les gens comme il faut. Le langage lui-même se fait l'écho explicite de tels préjugés. Dans une page géniale, Rafael Sánchez Ferlosio commente quelques-unes de ces précautions verbales : « Comme toutes les béquilles verbales, "un repos mérité" et "une saine joie" sont des expressions idéologiquement marquées. La préposition stéréotypée "mérité" et "sain" semble indiquer que le loisir ("repos") et le plaisir ("joie") sont en eux-mêmes des plantes vivaces comme celles que l'on trouve dans les champs, herbes mauvaises et nuisibles qu'il faut soumettre respectivement au traitement du mérite et de la santé. La répression a proscrit le repos et la joie comme autant de choses mauvaises, pécheresses, qui doivent demander pardon et faire pénitence. Le repos doit présenter une carte perforée qui démontre qu'il a "pointé" dans la machine de contrôle de son centre de travail ou, plus précisément, au "centre de fatigue". À son tour, la joie doit présenter un certificat médical prouvant que ses tests antidrogue, antialcoolique et antivénérien sont “négatifs” ou, plus précisément, “anticoncupiscents” » *(Nous aurons encore de mauvais moments)*. Les garde-fous linguistiques qui accompagnent en général le mot « plaisir », afin d'éviter le vertige scandaleux de sa proclamation, sont légion : les plaisirs *élémentaires*, les plaisirs *innocents*, et même d'*honnêtes* plaisirs... Le plaisir encore brut, sans additif, renferme semble-t-il toujours quelque chose de coupable et d'indécent, qui augmente lorsque son effet toxique s'exaspère à travers des recherches probablement contre nature. Mais surtout, le plaisir exige de se nourrir de chair, il refuse de renoncer au corps et c'est la raison pour laquelle il tombe du côté de l'insurrection : car obéir c'est toujours, pour le moins, renoncer... au *habeas corpus*.

Se livrer au plaisir c'est aussi, d'après les censeurs, un signe d'inculte grossièreté. Voilà précisément un des termes dérogatoires qu'on lui applique fréquemment, le terme « grossier ». Des plaisirs grossiers (comme l'on parle aussi de « matérialisme grossier »). Lorsqu'on pose ainsi le problème, tout l'effort de raffinement culturel se focalise sur la production de filtres et de médiations pour ne pas se laisser irrémédiablement contaminer par la sensuelle rusticité des plaisirs. La culture nous permet de manier les plaisirs, oui, mais *avec des gants*. Le spasme du délice est à la portée de n'importe quelle bestiole vivante – tous les animaux sont de « grossiers matérialistes » – mais nous, les humains, avons inventé la façon de styliser cet agréable frisson, en le faisant passer des organes sensoriels à la représentation intellectuelle. Afin que le plaisir nous semble culturellement acceptable, il doit devenir plus difficile, il doit se hisser du registre du simplement ressenti au noble niveau du pensé... D'ailleurs, la fonction de nos instruments culturels – artistiques ou technologiques, depuis la peinture impressionniste et le *bel canto* jusqu'au *Jacuzzi* – qui consiste à proposer et à explorer de nouvelles pistes de volupté me semble la plus suggestive de toutes. Cependant, je ne voudrais pas que cela serve à discréditer d'autres sortes plus élémentaires de contentement, plus évidentes aussi et plus manifestes, c'est-à-dire plus « grossières » dans le jargon dérogatoire des puritains. À ce sujet, il est toujours préférable de recourir à Montaigne – si joyeux culturellement, mais qui ne blâme jamais ces autres plaisirs qui titillent les organes et, « savoureux, gloutons et gluants » comme les étroits baisers de la jeunesse, collent aux moustaches, pour m'exprimer plus ou moins à sa façon –, qui nous met en garde contre cette espèce de honte qui nous fait rougir des inclinations les plus « animales » de notre condition : « Quel monstrueux animal qui se fait horreur à soi-même, à qui ses plaisirs pèsent ; qui se tient à malheur ! » (*Essais*, livre III, chapitre v). Et il ne recule pas devant la déclaration la plus compromettante, à laquelle l'impolicé Athalaric aurait pu souscrire, puis jeter au visage de son prudent précepteur : « Jusques aux moindres occasions de plaisir que je puis rencontrer, je les empoigne. Je connais bien par ouï-dire plusieurs espèces de voluptés prudentes, fortes et glorieuses ; mais l'opinion ne peut pas assez sur moi pour m'en mettre en appétit. Je ne les veux pas tant magnanimes, magnifiques et fastueuses, comme je les veux doucereuses, faciles et prêtes » *(ibid.)*. Incultes ? Grossières ? Pourquoi pas si les chichiteux et les constipés en ont décidé ainsi : mais en tout cas jubilatoirement *émouvantes* pour notre chair nerveuse, affirmatives jusqu'à la moelle de l'inconséquente énigme de la vie que nous n'avons pas inventée, que normalement nous subissons, mais dont parfois il nous est possible de jouir.

De tels plaisirs mènent-ils inévitablement à l'excès, comme l'affirme un autre reproche ? Mais qui établit la difficile frontière entre l'usage excitant et l'excès qui bloque ? Il n'est pas de science plus difficile à acquérir – ni plus nécessaire, j'en suis persuadé – que la tempérance, surtout si elle sert à prolonger et à garantir les plaisirs et non à les supprimer. Le savant Lichtenberg fit remarquer qu'il était plus facile pour la plupart des gens de faire preuve d'abstinence que de tempérance, car celle-ci admet et assume le don de la volupté tandis que la première s'épouvante sacrément face à sa menace. Et il est à nouveau conseillé – et agréable, toujours agréable – d'écouter Montaigne : « Je me défends de la tempérance comme j'ai fait autrefois de la volupté. Elle me tire trop en arrière, et jusqu'à la stupidité. Or je veux être maître de moi, à tout sens. La sagesse a ses excès et n'a pas moins besoin de modération que la folie » *(ibid.)*. Le barème de la tempérance risque bien d'être établi à partir des scrupules des timorés et des superstitieux ou de la nausée maladive des êtres sans appétence. Les avantages occasionnels de l'excès sont même recommandés par certains maîtres très moraux et qu'on ne peut certainement pas soupçonner d'être enclins au dévergondage, tel Sénèque, qui n'hésite pas à conseiller à son pupille Lucilius, sujet à la mélancolie, de prendre de temps en temps une bonne cuite, en évoquant – à travers un oxymore – la possibilité d'une *sobre ébriété*. Autrement dit, un excès qui ne détruit pas le salutaire équilibre de l'hygiène de vie, mais qui le rehausse et le « dénévrotise », si l'on veut bien me passer ce gros mot que Sénèque n'utilise bien évidemment pas. L'« excès » ne serait-il pas le plus souvent la mise en pratique de notre aptitude à jouir, vue du côté de celui qui s'y refuse ? Nous pourrions alors rappeler la définition de l'abstinent que propose le sarcastique Ambrose Bierce dans son *Dictionnaire du diable* : « Personne faible, qui cède à la tentation de se refuser un petit plaisir. »

Venons-en à la dernière et à la plus grave des accusations : la mort prématurée. Le jouisseur, surtout s'il est extrêmement jeune, se tue à force de se livrer à des plaisirs incontrôlés. D'une certaine façon, chaque plaisir profond est une espèce de petite mort, car il ne conçoit pas l'*après*. Il faut reconnaître qu'il existe un usage destructeur du plaisir, une quête thanatique derrière les plus grandes jouissances, qui exacerbe de façon morbide ce qui en principe constitue la plus conséquente et résolue affirmation de la vie. Cette perversion ne consiste pas à « affirmer la vie jusque dans la mort », comme l'a prêché Georges Bataille à propos de l'érotisme, mais c'est plutôt la démarche qui cherche une conséquence mortelle parmi la plus grande affirmation de la vie : quelque chose qui ne serait pas propre aux bons vivants ou aux jouisseurs, mais plutôt à des puritains exaspérés par leurs fantasmes morbides et obscurément décidés à se punir d'avoir voulu vivre sans crainte ni entraves. L'hédoniste sain peut mourir de plaisir, mais ne dit jamais que la mort est la preuve qu'il a joui à fond. En réalité, le plaisir n'a pas à écourter la vie : disons plutôt qu'il la creuse, autrement dit qu'il l'*approfondit*. Le plaisir découvre que sous la vie – *à l'intérieur* même de la vie – il y a encore de la vie, bien qu'il n'y ait pas de vie au-delà de la vie : l'aventure n'est pas dans la durée, mais plutôt dans l'intensité (bien qu'il n'y ait rien de mal à la prolonger le plus possible pour ne pas arrêter d'explorer les recoins délicatement intenses qui échappent au néophyte et impétueux jouisseur). Beaucoup de vie ne signifie pas une « longue » vie : souvenons-nous de la réponse cynique du médecin à son patient, à qui il vient de conseiller d'arrêter de boire, de manger de bonnes choses, de fumer et de s'adonner aux plaisirs du sexe, alors que celui-ci – justement inquiet – lui demande si cela va lui permettre de vivre plus longtemps. « Non, lui répond le toubib, mais la vie va sans doute vous paraître bien longue. » Athalaric, lui, aurait pu répondre, à ceux qui le critiquent, la même chose que Stevenson lorsqu'un autre médecin lui demandait d'éviter de faire des efforts « car sinon vous allez mourir jeune » : « Ah, docteur, tous les hommes meurent jeunes ! » S'il en allait autrement, mourir n'aurait presque pas d'importance.

D'où vient que le plaisir ait une telle mauvaise réputation *morale*? Il semble qu'il ait toujours été plus facile d'obtenir une caution morale, fût-elle conditionnelle, pour certains individus qui font souffrir autrui (les grands leaders politiques ou religieux, les patrons tyranniques d'entreprises aussi colossales qu'exténuantes, les gardes-chiourme de l'humanité), que pour d'autres qui se sont efforcés de chercher leur propre plaisir sans entraves. On traite ces derniers d'« égoïstes », mais curieusement leur égoïsme, qui n'oblige personne à part eux, est apparemment plus répulsif, moins « exemplaire », que l'égoïsme non moins évident de ceux qui ont recours à l'effort d'autrui pour produire, accumuler ou conquérir : la féroce et calviniste fourmi est éthiquement bien mieux traitée que la cigale dissipée... y compris parmi ceux dont le mode de vie est comparable à celui de la cigale. On reconnaît la moralité de celui qui ajourne la jouissance au nom de plaisirs futurs, de celui qui impose aujourd'hui des renoncements et des contraintes dans le but d'exulter plus tard (ou pour que d'autres puissent exulter plus tard), on loue la bonne disposition de l'individu qui favorise ou se sacrifie pour la satisfaction des autres... mais on se méfie de celui qui s'enveloppe dans sa cape pour vibrer au rythme de son propre plaisir, secoué de spasmes délicieux. Dans le fond, nous avons affaire à une sorte de *panique* moralisante – je refuse de la qualifier de morale ou de moraliste – devant le plaisir obtenu et pas seulement recherché ou imploré, comme si jouir nous aidait de façon coupable à faire abstraction de tout le reste. L'éthique s'occupe de la *dépendance* mutuelle entre les humains, alors que le plaisir, bien qu'il soit issu en grande partie de la fréquentation ou du commerce que nous entretenons avec nos semblables, paraît nous rendre indépendants d'eux pour un instant, mais efficacement. Lorsque nous jouissons, nous n'avons besoin de rien ni de personne – pour l'instant ! – et cette éphémère autosuffisance, qui suspend le règne humiliant des nécessités, semble nous éloigner de l'éthique qui tente seulement de négocier avec elles. Celui qui souffre dépend d'autrui et aspire à sa compassion, à sa collaboration et à ses remèdes ; mais celui qui jouit, en tant qu'il jouit, a l'air de devenir inabordable et, même lorsqu'il transmet collatéralement sa jubilation à ses proches ou à ses complices, on dirait qu'il est parvenu à se mettre *à l'abri* tout seul et qu'il demande seulement qu'on le laisse en paix. Les douleurs hurlent : « Viens-moi en aide ! », tandis que les plaisirs disent seulement : « Fais comme moi... ou ne me dérange pas ! » Les moralistes les plus sévères ne peuvent accepter cette dangereuse rébellion, qui les relève de leurs fonctions. En enfer et au purgatoire, les locataires forcés provoquent l'horreur ou la pitié de Dante, mais c'est seulement au paradis que celui-ci se heurte à l'infranchissable barrière du bonheur :

La mia letizia mi ti tien celato
che mi raggia dintorno, e mi nasconde
quasi animal di sua seta fasciato[1]...

1. « Ma joie qui rayonne autour de moi / me tient celé à tes yeux et me dissimule, / comme un animal enveloppé de sa soie » (*La Divine Comédie*, Par., VIII, 52-54). (*N.d.T.*)

Quelques distraits pourraient à présent objecter qu'à notre époque toute défense et illustration du plaisir est devenue un divertissement, car l'air du temps n'a plus rien à voir avec ce vent puritain qui soufflait pendant l'enfance de Gide, ou même pendant la mienne, en plein franquisme. Aujourd'hui nous vivons l'institutionnalisation de l'hédonisme sur le terrain de la consommation : le divertissement est devenu une obligation esthétique et politique du berceau jusqu'au cercueil, tandis que la publicité à propos des biens qui satisfont tous les caprices ou parfois les créent est devenue l'idéologie dominante (la tentation sans remords devenue un sermon quotidien pieusement écouté !). Autrefois, les Églises proposaient des listes d'indulgences, avec leur prix respectif, permettant d'abréger dans l'autre monde le passage au purgatoire, et aujourd'hui les grands magasins proposent leurs catalogues avec les nouveautés et les rabais qui doivent nous permettre de soulager les souffrances de la vie terrestre en la transformant, sinon proprement en paradis, au moins en parc thématique pourvu de parfaites imitations de l'Éden souvent hors de prix. Le sauvage qui refuse tout confort, la vertigineuse panoplie d'appareils électroménagers et les eaux de Cologne finit par devenir un louche rebelle asocial, presque l'embryon d'un terroriste. Dans un tel contexte, revendiquer le plaisir comme une transgression équivaudrait, ni plus ni moins, à enfoncer des portes grandes ouvertes ..

Personnellement, aucun de ces symptômes tonitruants ne me convainc tout à fait. D'ailleurs je préfère les sociétés permissives à celles qui réduisent de façon rhétorique notre monde à une vaillante vallée de larmes et qui immolent le présent – l'unique temps que nous puissions réellement vivre – sur l'autel d'impalpables contentements dans l'au-delà ou d'un rayonnant futur faisant office de paradis laïque. Mais je suis toujours persuadé qu'aucune moralité sociale ne peut être authentiquement hédoniste, encore que – par bonheur – l'hédonisme n'ait jamais fait défaut dans toute société, comme honteuse et délicieuse moralité privée. C'est dans le plaisir jamais recommandé et cependant toujours recherché que les individus se sont rebellés contre le mal-être collectiviste de leurs cultures. Je n'ai pas confiance en la sincérité des plaisirs prescrits et tarifés. Dans notre société de consommation, on intronise la dépense et l'émulation dans la dépense comme indice de l'importance du plaisir : les plaisirs sans prix, que chacun doit découvrir ou inventer, mais ne peuvent être tout simplement achetés, représentent encore des antivaleurs dont on se méfie et qu'on méprise. Pour que la recherche du plaisir perpétuel soit socialement acceptable, il n'y a pas si longtemps, on nous recommandait d'aller à l'église ; aujourd'hui, on nous recommande de nous rendre d'abord au bureau puis au magasin. Le plaisir continue à être ajourné et étiqueté ; nous devons jouir par l'intermédiaire de la marque et transformer notre aveugle jubilation en logotype. Du reste, les courants néopuritains ne manquent pas, qui se dissimulent en *nec plus ultra* forcé de la nécessité établie d'« être en forme » pour avoir plus de plaisir : cela se manifeste par exemple dans la tyrannie médicinale de la santé et l'obligation de rester toujours jeune, sous peine d'être malade par notre faute. On a remplacé les inquisiteurs qui imposaient charitablement, jusque sur le bûcher, le salut de l'âme, par d'autres inquisiteurs qui veillent sur la santé publique des corps, surtout lorsque, comme aujourd'hui, leur réparation coûte de l'argent à la sécurité sociale nationalisée. La tristement célèbre croisade contre ce que l'on appelle les « drogues » – obligatoirement criminogènes et sources des pires atteintes aux libertés citoyennes – est un parfait exemple de ce néopuritanisme brandi au nom de la Vie (comprise comme une simple durée productive et non comme une intensité), et ce n'est pas le seul. Certaines interprétations à propos du sida et des moyens préventifs préconisés contre lui vont également dans le même sens. Hier, on dénigrait le plaisir en soulignant l'ignominie de sa dimension incomparablement *tragique*, aujourd'hui on le fait en escamotant ou en maquillant habilement l'option tragique que sans aucun doute il renferme.

Voilà pourquoi je continue à penser qu'il n'est jamais vain d'insister de temps à autre, en se réclamant d'une éthique transmorale, sur l'éloge du plaisir comme choix vital et je ne pourrai jamais m'empêcher de me rappeler, avec une surprenante tendresse, l'indécent Athalaric.

Chapitre IX

CHOISIR LA POLITIQUE

> *Ben puoi ceder che la mala condotta è*
> *la cagion che il mondo ha fatto reo, e non*
> *natura che in voi sia corrotta.*[1]
>
> DANTE

> De quoi tu es né dépend de la génétique ; à quoi tu retourneras, de la politique.
>
> Stanislaw Jerzy LEC

La politique n'est certes pas toujours bonne, mais sa dévalorisation ou son discrédit est invariablement un bien pire symptôme. Il se peut qu'il existe des personnes si créatives et si idiosyncrasiques d'esprit qu'elles soient capables de se passer de politique tout en conservant leur liberté de citoyen : je ne connais personne de ce genre (et je ne porte aucun crédit à mes connaissances

1. « Tu peux donc voir que c'est parce qu'il est mal gouverné que le monde est devenu méchant, et non pas parce que votre nature est corrompue » (*La Divine Comédie*, Purg., XVI, 103-105). (*N.d.T.*)

qui se targuent de l'être : ce sont de faux originaux, des opportunistes ou des lèche-culs), mais je n'exclus pas totalement leur existence. En revanche, je suis certain qu'il ne peut y avoir de communautés libres sans exercice permanent, conséquent et publiquement assumé de la politique. Plus concrètement, sans la défense d'idées politiques argumentées que chacun peut souscrire ou rejeter. Une idée politique est une façon de *faire*, pas une façon d'*être*. Les totalitaires expliquent toujours : « Nous ne nous mêlons pas aux hommes politiques, nous ne *faisons* pas de politique ; ce qui nous définit c'est que nous *sommes* de tel village ou de telle race, c'est que nous sommes comme il faut être face à ceux qui ne seront jamais comme il se doit, quoi que l'on fasse. » Pour celui qui *est* pur, tout ce qu'il *fait* devient pur et acceptable.

À l'époque franquiste, rien n'était plus mal vu (et plus dangereux) que de « se mêler de politique ». La décence consistait à être espagnol, être travailleur, être « comme il se doit »... mais sans politicailleries. La meilleure, c'était qu'on pouvait très bien être gouverneur civil, directeur de banque, et même ministre, sans faire de politique ni en être contaminé. Franco lui-même a un jour expliqué à un de ses interlocuteurs abasourdi : « Faites comme moi, ne vous mêlez surtout pas de politique. » Apparemment, en ces temps bienheureux, seuls faisaient de la politique ceux qui s'opposaient d'une façon ou d'une autre au régime en place, que ce soient des journalistes, des syndicalistes, des ouvriers, des juges ou des enseignants. Et ce qui, en novembre 2001 par exemple, retient l'attention dans la guerre d'Afghanistan, c'est que l'Alliance du Nord et les talibans échangent des coups de feu, mais pas des idées politiques : nous ignorons en quoi leurs projets économiques et leurs orientations sociales divergent, la seule chose que nous savons c'est qu'il existe des Ouzbeks, des Tadjiks, des Pachtounes, des Hazaras et trente-six autres étiquettes. Mais c'est toujours la même chose, toujours des étiquettes de ce que l'on est ou de ce que l'on n'est pas, jamais des idées sur ce que l'on pense faire. La seule chose qui pourrait ressembler de près ou de loin à une question de pratique organisationnelle, c'est leur rapport avec la religion islamique comme règle de la quotidienneté, qui semble plus permissive parmi les habitants du Nord et plus intégriste parmi les talibans... en étant dans les deux cas pareillement incompatible avec un État démocratique et laïque, ça au moins c'est sûr. Mais comment leur reprocher cette soif d'étiquetage et ce comportement apolitique, ainsi que leur exhibitionnisme religieux, alors que le président Bush lui-même parle, à la suite des attentats du 11 septembre, de rien moins que d'un affrontement planétaire entre le Bien et le Mal, qui, par antonomase, représentent au bout du compte les deux étiquettes suprêmes...

Au Pays basque, là non plus il n'est pas bien vu de se mêler de politique. Ce qui est intègre et recommandable, c'est d'être extrêmement basque, d'être extrêmement « d'ici », extrêmement des nôtres, ou de s'accrocher à une étiquette quelconque : basque-basque, basque-espagnol, basque-français... et arrêtez de raconter des histoires. Parfois, pour exprimer son indignation face au crime, la famille et les amis assurent : « Il ne s'est jamais mêlé de politique. » Il ne peut y avoir de plus bel éloge, de plus grande preuve de radicale innocence. Le patron d'un bar de Donostia, où l'on a retrouvé un tragique jouet piégé, a exprimé cela de façon on ne peut plus claire : « Ce n'est pas possible qu'on ait voulu poser cet engin chez moi, car je ne me mêle jamais de politique... et en plus je leur ai toujours donné de l'argent lorsqu'ils sont venus en réclamer pour les prisonniers de l'ETA. » Se situer politiquement, comme pendant le franquisme, équivaut toujours à conspirer contre le régime nationaliste. Ainsi donc à bas la politique, c'est-à-dire à bas la résistance : paye et ferme-la. Bernard Crick a expliqué avec juste raison dans son remarquable livre *In Defence of Politics* que « la personne qui désire avoir la paix et ne pas avoir à s'occuper de politique finit par devenir l'allié inconscient de ceux qui considèrent que la politique est un épineux obstacle pour leur sacro-saint projet de ne laisser rien ni personne en paix ». Dans notre Pays basque, il faudrait vraiment se décider à parler d'éthique et de morale (mais oui, bien sûr, comme Bush, qui parle du Bien et du Mal !) mais sans politicailleries. Prenons l'exemple de notre président du gouvernement basque qui n'est jamais explicitement politique, mais toujours volubilement éthique. Il n'y a pas très longtemps, alors qu'il s'adressait à un congrès international de journalistes, il les a exhortés à faire leur autocritique en leur disant qu'« il ne faut pas confondre liberté d'expression et faire de la politique ».

Ainsi, soyons tous éthiques à n'en plus pouvoir et rejetons sans ménagement toute violence d'où qu'elle vienne, il ne manquerait plus que ça. Et surtout, pas de simagrées politiques : pas question de faire des distinctions entre la constitution en vigueur et les projets de ceux qui se la mettent là où je pense, pas question de déterminer la différence entre communauté ethnique et société de citoyens, pas question d'expliquer les modalités et les coûts des projets sécessionnistes futurs, pas question de revoir l'éducation que l'on délivre au Pays basque et ses possibles effets criminogènes, pas question de comprendre comment on peut continuer à qualifier d'« historique » le contentieux qui continue à être impudiquement violent malgré de concrètes transformations historiquement légales (cela semble plutôt être un exemple de rutilant « a-historicisme »).

Mais voyons ce que signifie, en termes généraux, choisir la politique comme motivation, par rapport à un simple repli sur des intérêts particuliers ou à l'identification, moyennant des étiquettes absolutistes, de l'être devant l'engagement actif du faire. On peut argumenter plus ou moins la chose comme ceci : tous les êtres humains naissent sous une série de déterminations institutionnelles non choisies qui entraînent des lois, des coutumes, des interprétations historiques, des mécanismes économiques, des lectures sociologiques ou religieuses de la réalité. Nous ne venons pas seulement au monde de façon involontaire (pour la bonne et simple raison que notre volonté est précisément mise au monde en même temps que nous), mais aussi involontairement soumis à un ordre socioculturel qui nous préexiste et qui est le fruit de hasards, d'atavismes, de conquêtes, de spoliations et de réformes accumulés pendant des siècles. Lorsque nous prenons conscience de cette situation, nous pouvons alors nous soumettre à elle avec une relative passivité, en tentant de nous adapter le mieux possible aux circonstances et d'obtenir le meilleur profit personnel de ce qui est déjà établi (en s'arrangeant en tout cas pour éviter les situations les plus contraignantes). Mais nous pouvons également tenter – intellectuellement et pratiquement – de le réformer, de telle façon que cet ordre involontaire devienne majoritairement volontaire, c'est-à-dire en établissant au travers de transformations institutionnelles les conditions minimales que devraient remplir les règles et les pouvoirs constitués pour que la majorité des gens affectés par ces conditions puissent les accepter et pas seulement les subir. Dans les deux cas, on intervient sur la configuration politique du monde : dans le premier de façon conservatrice, en favorisant la consolidation de ce qui est déjà établi ; dans le deuxième de façon transformatrice, réformiste ou même révolutionnaire. Ou du moins démocratique, si l'on en croit l'opinion exprimée par le politologue Pierre Manent : « L'ambition de la démocratie, c'est de nous faire passer d'une vie subie, reçue, héritée, à une vie voulue. La démocratie, c'est la volontarisation de toutes les relations et de tous les liens » (*Cours familier de philosophie politique*).

« Le temps est hors des gonds. Ô sort maudit qui veut que je sois né pour le rejointer ! » Cette plainte d'Hamlet – par ailleurs vraiment justifiée – pourrait être la plainte de tous ceux qui veulent faire de la politique au sens transformateur du terme. Mais en fait tout le monde ne se plaint pas, car certains (beaucoup ? la plupart ?) vivent leur tâche comme une vocation tonique et stimulante : comme l'arène la plus indiquée pour la mise en pratique sociale de leur liberté. En ce qui concerne son ordonnancement invariable, que l'on appelle « naturel », notre temps pourrait également sembler hors de ses gonds – Cioran en était convaincu comme certainement, mais avec moins d'éloquence, de nombreuses autres personnes victimes d'un tremblement de terre ou qui sont très vieilles ou sur le point de mourir – mais nous ne sommes capables de rien faire pour le rejointer : un ordre cosmique hors des gonds et cependant irrévocable nous accable sans nous encourager ; pointe les limites infranchissables de notre liberté, mais pas son champ d'opérations. Mais *a contrario*, le dégondage politique de notre temps, bien qu'angoissant, permet l'insurrection. Les lois de la nature sont ce qu'elles sont et il est inutile que l'individu manifeste son mécontentement, comme le fait le personnage des *Mémoires écrits dans un souterrain* de Dostoïevski : l'univers n'a pas de cahiers de doléances où consigner nos réclamations. Ici, il s'agit d'étudier seulement les mécanismes de ce qui est immuable et d'apprendre à en utiliser les meilleures possibilités pour nos projets et nos désirs. C'est l'objectif de la science et de la technique. Mais lorsqu'il s'agit du monde social, des différents systèmes institutionnels, ainsi que des habitudes grâce auxquels nous, les humains, régulons notre vie en commun... alors là, c'est tout à fait différent ! Nous pouvons enfin corriger ce que nos semblables ont établi. La devise de Giambattista Vico a toujours été : *verum factum*. C'est-à-dire, nous ne pouvons connaître à fond que la vérité de ce que nous savons comment on l'a fabriqué. En ce qui concerne les réalités naturelles, notre science est toujours limitée, car nous ne sommes pas capables de créer des êtres vivants, ni d'obtenir de la matière à partir de rien, et que nous n'avons pas la paternité desdites « lois » qui régissent le cosmos... tout au moins celles qui sont en vigueur dans cette partie du cosmos qui nous intéresse. Mais les lois humaines, les institutions qui permettent la transmission ou l'acquisition du pouvoir politique, les règles de comportement, la distribution du travail et le partage des richesses, tout cela peut être tout à fait compris par des têtes aussi humaines que celles qui ourdirent en leur temps la trame qui aujourd'hui nous emprisonne. Et ce que nous pouvons parfaitement comprendre, parce que c'est nous – c'est-à-dire ceux qui furent ou qui sont comme nous – qui l'avons « fait », nous pouvons aussi le transformer ou le réformer en adéquation avec un certain nombre de projets partagés.

Il serait sans doute imprudent ou démagogique d'exagérer nos possibilités de révolutionner ce qui est socialement établi : il ne faudrait pas oublier que le temps des sociétés est long et que celui des personnes est court, que chacun d'entre nous est socialement constitué par le même tissu qu'il tente de réformer, qu'il n'y aura jamais réellement quelque chose qui pourrait ressembler à « l'homme nouveau », mais seulement des nouveautés particulières à la portée de l'homme. Mais tout cela n'impose pas de s'accommoder de façon résignée à ce qui est déjà en vigueur, et surtout pas d'accepter les inégalités et les injustices flagrantes comme d'inévitables processus de la nature... sociale. Opter pour un plus ample élargissement du consensus sur les institutions sociales, c'est reconnaître pratiquement que nous, les humains, vivons dans deux mondes : celui de la nécessité naturelle et celui de la liberté politique. Dans le registre du premier, nous ne sommes que de simples objets des lois, mais dans celui du second nous avons la possibilité de nous rattraper en devenant des sujets législateurs. Le règne de la nature est une chose inévitable, mais celui de la société est la recherche raisonnable du meilleur, y compris au risque de commettre des erreurs ou de supporter des reculs. Pour cela, il faut remplacer les étiquettes et les dogmes immuables qui conditionnent idéologiquement notre soumission à ce qui a été statué par des idées politiques, afin de le transformer et de l'ouvrir à la complicité consciente de ceux qui ont tiré jusqu'à présent le moins d'avantages de la vie en communauté. Ainsi le saut émancipateur, depuis ce qui a été involontairement subi jusqu'à ce qui est volontairement assumé, passera toujours, dans la mesure du possible, par un allègement de la charge déterminante que chacun porte en lui à la naissance, au bénéfice d'une égalité artificielle – fruit de l'art politique – de droits qui permette à tout individu de choisir et de participer égalitairement avec une pluralité d'options pour le futur en train de se construire socialement.

Autrement dit, grâce au travail politique, on diminue l'importance de ce qui est immuable (la généalogie, l'hérédité, la tradition, les conditionnements génériques ou biologiques, etc.) et l'on renforce les capacités d'option personnelle, en équilibrant grâce à l'éducation et à la redistribution des avantages sociaux les occasions pour chacun de développer un projet de vie qui lui soit (relativement) propre. Comme nous l'avons déjà dit, nous ne pouvons que nous approcher de ce *desideratum*, dont l'idéal nous échappe toujours et se modifie à mesure que nous nous rapprochons de lui. Un des éléments essentiels de notre finitude c'est que nous ne partons jamais de zéro et que tenter d'établir en termes absolus le « renouveau » humain a toujours été une impossibilité historique qui a conduit à de terribles manipulations totalitaires, dont le XXe siècle a fourni d'abominables exemples. Dans notre situation sociale, les éléments d'*appartenance* (les liens affectifs et culturels qui nous sont donnés) seront toujours déterminants, ainsi que les éléments de *participation*, cet éventail réduit de nouvelles possibilités de choix d'association, de pensée critique, de sentiment et de création qui s'offrent à nous. Le plus grand effort progressiste de la politique à l'époque moderne a été de tenter un modèle de société qui, sans annihiler ni dévaloriser les appartenances dont nous sommes issus, facilite au maximum, et pour la majorité, le jeu participatif. Le résultat de cet engagement continue bien entendu à être incomplet et particulièrement ambigu, mais il mérite à mon avis une protection renouvelée et constante plutôt qu'un abandon désespéré.

Si je devais résumer aujourd'hui d'un seul mot le projet politique le plus digne d'être servi, je choisirais volontiers celui de *citoyenneté*. C'est-à-dire une forme d'intégration sociale participative fondée sur le partage des mêmes droits et non pas sur l'appartenance à des groupes bien définis par les liens de sang, de tradition culturelle, de statuts économiques ou de hiérarchies héréditaires. Cependant, dans toutes les démocraties que nous connaissons, établies comme des États de droit, l'élément national, ethnique, la charge préalablement acquise de langue, de religion, de mythes et de coutumes séculairement partagés continuent à compter beaucoup (beaucoup trop, quelquefois). Mais aujourd'hui, ces éléments proviennent d'appartenances multiples, entrecroisées, car ces sociétés sont métissées (même si parfois elles ont oublié qu'elles le sont) et elles amalgament sous des lois communes des formes vernaculaires d'origine diverse. Il ne s'agit pas d'une simple juxtaposition de particularités raciales ou folkloriques, mais d'une multiplicité d'éléments identificateurs qui se coupent ou se superposent sur un même plan institutionnel garantissant leur libre convivialité. C'est sur cela que reposent le renouveau radical de la société de citoyens et son avancée éthico-politique par rapport aux formes de convivialité du passé. Comme l'explique Michael Ignatieff, « cela ne signifie pas que les sociétés multiculturelles et multiethniques n'existèrent jamais par le passé, au contraire, mais elles ne constituèrent jamais des démocraties fondées sur le droit. Elles ne furent pas fondées sur un modèle civique d'inclusion, sur l'idée que ce qui fait la cohésion d'une société n'est pas une religion, une race, une ethnicité, une langue ou une culture communes, mais sur un attachement normatif commun au respect de la loi et à l'idée que nous sommes tous des individus égaux titulaires de droits » (« Le narcissisme de la petite différence », dans *L'Honneur du guerrier*). Bien entendu, la citoyenneté inclut également la lutte, assumée institutionnellement par l'assistance sociale et par l'éducation publique, contre les deux fléaux majeurs qui s'opposent à son exercice paritaire : la misère et l'ignorance.

Actuellement, nous voyons se dresser contre ce fragile et encore vacillant renouveau progressiste de la citoyenneté un mouvement réactionnaire que je me risquerai à nommer l'« ethnomanie ». Cela consiste à affirmer que l'appartenance doit primer sur la participation politique et la déterminer, que ce sont les éléments non choisis et homogènes qui doivent nourrir l'intégration au sein de la communauté. Il s'agit de donner la primauté à ce qui est généalogique, linguistique, religieux ou aux idéologies traditionalistes et non à l'égalité constitutionnelle des droits : c'est l'identité ethnique contre l'égalité citoyenne. C'est-à-dire la prédominance des conditions du passé partagées de façon homogène par quelques-uns sur le pluralisme unificateur du futur où tout le monde devra se retrouver et collaborer. Hier, le terme clé était la « race », puis il fut largement discrédité par l'anthropologie et par les atrocités commises en son nom ; aujourd'hui, on préfère parler d'« ethnie ». Le sens reste toujours le même : l'assignation par la naissance à un territoire et à un groupe culturel constitutive de la possession d'une citoyenneté *optimo iure*. Comme le dirait Giovanni Sartori : « Abolie la servitude de la glèbe qui liait le serf à la terre, nous courons aujourd'hui le danger d'inventer une "servitude de l'ethnie". » Comme il paraît que le vice – selon la description classique de l'hypocrisie – doit toujours rendre hommage à la vertu pour asseoir son prestige, cette violation des droits individuels de la citoyenneté s'impose au nom de « droits collectifs » supposés plus fondamentaux et supérieurs, lesquels doivent l'emporter sur les premiers, d'après les ethnomaniaques qui les revendiquent, en cas d'incompatibilité entre les uns et les autres. Évidemment, cette incompatibilité a lieu pratiquement à chaque pas, car c'est dans ce but qu'ont été inventées ces légales revendications collectivistes. Bien entendu, il ne s'agit pas de discuter le droit de chacun à sa langue maternelle, à sa religion, à ses traditions, etc. (et aux considérations légales correspondantes, à portée supra-individuelle, qui le protègent), mais plutôt de refuser le principe que l'État de droit devienne finalement la caution d'une homogénéité ethnique préexistante et que les États démocratiques pluralistes déjà existants se fragmentent au point de répondre à une diversité d'ethnies conçues selon le modèle immuable des idées platoniques. Le droit à la diversité, base du pluralisme démocratique, n'a rien de commun avec la diversité des droits, qui l'anéantit. Au sein de la société pluraliste, on respecte la multiplicité des identités ethniques, mais on y permet également sa combinatoire polymorphe, de telle façon que l'appartenance à une chaîne généalogique ne détermine pas forcément l'attribution d'une langue, d'une religion ou d'une idéologie, mais qu'elle autorise de multiples configurations personnelles qui transforment les identités ethniques traditionnelles. L'ethnomanie, en revanche, impose la dot identitaire dans son ensemble, car pour elle, chacun de ses traits appelle et renforce les autres. Au bout du compte, l'ethnomanie prétend que l'ethnie à laquelle nous appartenons constitue un ensemble sans couture à conserver au-delà des conceptions individuelles des personnes réellement existantes et qui est incompatible, pour des raisons ancestrales, avec le métissage culturel ou politique qui a libre cours dans les sociétés de citoyens.

Mais revenons en conclusion à cette question primordiale : pourquoi choisir de faire de la politique, pourquoi intervenir dans les affaires collectives avec une volonté de transformation sociale, au lieu de se contenter de s'intéresser à nos intérêts privés, en tentant d'avoir plus d'avantages et moins d'inconvénients parmi ce que le système établi présente à notre vie personnelle ? En premier lieu, choisir la politique c'est aspirer à être le sujet des règles sociales qui régissent notre société, et pas leur objet. En un mot, prendre consciemment au sérieux la dimension collective de notre liberté individuelle. La société n'est pas le décor irrémédiable de notre vie, comme l'est la nature, mais un drame au sein duquel nous pouvons jouer un rôle et ne pas nous contenter d'être figurants. Se passer d'une éventuelle activité politique innovatrice, c'est renoncer à une des sources de signification de l'existence humaine. Vivre parmi des êtres libres, pas simplement résignés ni aveuglément désespérés, est un enrichissement subjectif et objectif de notre condition. De plus, accroître les bénéfices que chacun tire des institutions et des lois, tout en les faisant rationnellement accepter, est une garantie de *sûreté* collective. Plus l'équilibre d'une communauté est solide – sa justice, la reconnaissance qu'elle manifeste aux demandes raisonnables de ses membres et à la diversité de leurs projets –, plus on peut vivre en sécurité en son sein. Bien que la vie en démocratie soit toujours sujette à polémique, il est toujours possible d'y éviter les risques extrêmes de l'antagonisme social et leurs dérives destructrices. En ce début de XXIe siècle, le défi consiste à renforcer les règles institutionnelles de l'humanité à l'échelle planétaire. Si une chose doit être globalisée, c'est bien l'effective reconnaissance de l'humain par l'humain. Plus de six mille millions de personnes, en croissante intercommunication sur leurs intérêts et les menaces qui les guettent, ne peuvent plus se permettre de continuer à mener des existences tribales, ni de tenter de créer des îlots de prospérité préservés au milieu d'un océan de souffrances et d'abandon. Choisir la politique, c'est le pas en avant que chacun peut personnellement accomplir, depuis sa condition apparemment modeste – mais qui ne renonce jamais à choisir des compagnons et des complices –, pour obtenir le meilleur qui soit face à des fatalités soi-disant irrémédiables.

Chapitre X

CHOISIR L'ÉDUCATION CIVIQUE

> L'individu éduqué est celui qui reconnaît la légitimité de toute loi qui lui impose un comportement admissible et acceptable par tous, c'est-à-dire un comportement rationnel et raisonnable. Mais c'est aussi l'individu qui saisit l'illégitimité de toute loi qui lui imposerait le non-respect de la personne en autrui comme en lui-même, qui l'obligerait par exemple à considérer telle ou telle catégorie d'êtres humains comme de simples choses.
>
> Patrice Canivez

Que notre temps soit « hors des gonds » à cause de l'injustice et de la violence est une constatation indiscutable que pourrait faire toute conscience saine ; et que, semble-t-il, nous soyons nés pour le rejointer, comme l'a si opportunément dit Hamlet, prend vraiment des allures de mauvaise plaisanterie du destin. Bref, la question est la suivante : que pouvons-nous faire ? Ou pour l'exprimer différemment : comment être efficacement des révolutionnaires ? La révolution comprise comme une guerre civile entre classes sociales, comme la prise du palais d'Hiver en 1917 à Petrograd, n'est vraiment pas très tentante dans les pays développés, car elle créerait à coup sûr de nouveaux maux sans pour autant résoudre les anciens. Nos démocraties aspirent à transformer et à améliorer leurs institutions, pas à les détruire. Nous avons bien entendu médité la leçon d'Albert Camus lorsqu'il prétendait qu'en politique ce sont les moyens qui justifient la fin. Mais il ne faudrait pas que cette leçon de prudence et de sagesse devienne un océan de résignation. Il faut combattre ce que nous détestons, mais ne pas détruire sans discrimination ce que nous avons déjà obtenu depuis au moins deux siècles. Bien que nous ne partagions pas le simplisme brutal de ceux qui croient qu'il suffit de bombarder les fanatiques (et aussi les innocents qui les entourent) pour en finir avec la terreur qui nous menace, il est évident que quelque chose de radical et de profond doit être tenté pour que les plus remarquables réussites de la civilisation ne restent pas lettre morte ou la propriété exclusive de quelques élites. Ainsi, nous pouvons partager le malaise d'Hamlet : mais par où commencer cette révolution difficile mais nécessaire ? Moi, je commence par l'éducation.

Évidemment, l'éducation à laquelle je pense n'est pas l'instruction de base ni la simple préparation à l'exercice d'un certain travail dans n'importe quel domaine, quelle que soit l'importance de l'acquisition de ce genre de connaissance ou d'habileté. Je ne pense même pas à l'éducation en tant que processus permettant de se familiariser avec les plus remarquables habitudes culturelles (histoire, géographie, arts plastiques, littérature, langues étrangères...), bien que son développement soit indispensable pour imaginer une véritable et complète formation humaine. Lorsque je parle d'éducation, ici, je désigne ce que j'appelle – faute de terme plus précis – l'éducation *civique*, c'est-à-dire la préparation nécessaire pour vivre politiquement avec autrui dans une cité démocratique, en participant à la gestion paritaire des affaires publiques et avec l'aptitude à faire la distinction entre ce qui est juste et ce qui ne l'est pas. En espérant ne pas être aveuglé par de corporatistes passions, je me crois autorisé à supposer que cette conception de l'éducation a un rapport tout particulièrement avec la philosophie, tant dans sa réflexion sur la pratique sociale et sur les valeurs qui l'orientent que dans sa préparation à la *communication argumentée*. Je me souviens d'avoir lu dans un des derniers livres de John Kenneth Galbraith quelque chose qui ressemblait à cela : « Toutes les démocraties contemporaines vivent avec la crainte permanente de l'influence des ignorants. » C'est à cette crainte et à la façon de la prévenir que s'attaque l'éducation civique. Toujours si je ne me trompe pas, l'ignorance dont parle Galbraith n'est pas primordialement le manque de connaissances scientifiques ou d'éléments fiables dans des disciplines concrètes, mais quelque chose de plus radical et surtout de plus directement en rapport avec le fonctionnement même du système démocratique : l'incapacité d'exprimer à la communauté des demandes sociales intelligibles, ou à comprendre celles qui ont été formulées par d'autres ; le blocage qui empêche d'argumenter ou d'estimer la valeur des arguments étrangers (oraux ou écrits) ; le manque d'un tant soit peu de sens des droits et des devoirs que suppose – et impose – la vie en société au-delà des adhésions pathologiques à la tribu ou à l'ethnie. Ce genre d'ignorants, qui jouissent tous du droit de vote, s'opposeront probablement aux réformes nécessaires qui entraîneraient certains sacrifices et soutiendront les démagogues qui leur promettraient des paradis gratuits ou une violente revanche sur leurs frustrations, sur le dos du premier bouc émissaire venu. Le véritable problème de la démocratie n'est pas l'habituel affrontement entre une majorité silencieuse et une minorité revendicative ou loquace, mais plutôt la prédominance complète d'une marée d'ignorance. Qu'est-ce qui peut mieux contribuer à résoudre ce problème que l'éducation civique ?

Amy Guttman, une éminente théoricienne de l'éducation démocratique, s'acharne à rappeler la devise d'Aristote dans son traité sur la politique, lorsqu'elle affirme que « personne ne peut réussir à gouverner sans l'avoir été d'abord lui-même ». Car il s'agit exactement de cela : avoir été propédeutiquement gouverné, c'est-à-dire avoir appris à obéir aux lois et à aux autorités légitimes, à assumer les valeurs partagées, à recevoir des leçons pratiques d'équité, etc., est un préalable indispensable pour parvenir à gouverner un jour en toute responsabilité. Le destin de gouvernant, dans les régimes autocratiques ou oligarchiques, est réservé à quelques-uns et donc, dans ces sociétés-là, eux seuls bénéficient d'une préparation en vue de diriger la collectivité. Mais ce qui est caractéristique dans les démocraties, c'est qu'elles ne produisent pas des spécialistes du commandement et des spécialistes de l'obéissance, mais que tous les citoyens doivent jouer alternativement les deux rôles. C'est pour cette raison qu'on les appelle des citoyens, parce qu'ils participent au gouvernement et qu'ils approuvent ou rejettent les lois qui régissent la communauté. Il est évident que ce travail exige une instruction qu'on ne peut pas confier au hasard de la propagande ou de la démagogie. Nous appelons « civique » cette éducation qui prépare des gouvernants, c'est-à-dire des citoyens *optimo iure*. Dans son livre *Être citoyen*, le professeur anglais Paul Barry Clarke explique : « Être un citoyen à part entière c'est participer aussi bien à la direction de la vie elle-même qu'à la définition de quelques-uns de ses paramètres généraux ; c'est avoir conscience que l'on agit dans et pour un monde partagé avec d'autres et que nos identités individuelles et respectives entretiennent des rapports et se créent mutuellement. » Ce qui signifie que la gestion de ce qui est propre à chacun se trouve en interaction avec ce que nous possédons tous en commun. Dans les démocraties, toute éducation civique est une école réservée aux princes ; mais elle est destinée à former des princes qui paradoxalement doivent avoir conscience d'être *inter pares*, ce qui confère à chacun la capacité de commander et à aucun des privilèges. Les membres de toutes les sociétés sont l'« objet » des lois, mais il n'y a que dans les démocraties qu'ils en sont également les « sujets » et qu'ils interviennent pour décider ce qui doit être fait en commun.

De telle façon que l'éducation civique doit se proposer de former des gouvernants et des législateurs pour éviter l'influence létale à l'intérieur de nos sociétés de ces ignorants dont, selon Galbraith, on redoute de toutes parts la prédominance (mais précisons que cette influence est surtout redoutée par ceux qui voudraient utiliser les institutions démocratiques pour radicaliser la liberté et l'égalité effectives, car il ne manque pas non plus de manipulateurs et de démagogues qui jouent de cette prédominance pour perpétuer leur hégémonie). La mission première de cette éducation consiste à enseigner à *délibérer* et à doter les citoyens néophytes des moyens indispensables à la délibération. Comme nous le savons déjà, du moins depuis Aristote, nous délibérons seulement sur ce qui dépend de nous et que nous pouvons volontairement modifier. Ainsi, nous ne délibérons pas sur le fait immuable de notre *appartenance* (sexuelle, ethnique, familiale, généalogique, etc.), que nous devons assumer avec une résignation plus ou moins acritique, mais nous délibérons sur nos modes sociaux de *participation* à des projets politiques, religieux ou culturels auxquels nous prendrons part ou non en accord avec notre propre critère et qui nous obligeront peut-être à réinterpréter la portée de nos appartenances. En un mot, nous délibérons sur le chemin à suivre et non pas sur le point de départ. Mais cette aptitude à délibérer suppose que le chemin ne soit jamais nécessairement et immuablement déterminé par le point de départ : cela suppose de planifier et peut-être de rectifier les plans, mais jamais de subir inexorablement un destin sur lequel il n'y aurait rien à discuter. Il serait vraiment superflu de s'entêter à éduquer civiquement des personnes qui seraient soumises, ou penseraient l'être, à une quelconque malédiction superstitieuse qui les empêcherait de choisir.

Préparer à délibérer consiste à former des caractères humains susceptibles de persuasion : c'est-à-dire capables de persuader et disposés à être persuadés. Ces deux aspects sont indispensables pour parvenir à éradiquer la violence civile, qui est toujours provoquée par ceux qui sont incapables d'articuler de façon convaincante des revendications sociales ou de comprendre la force des arguments qu'on leur propose ou qu'on leur oppose. L'éducation civique doit tenter de promouvoir des citoyens susceptibles de sentir et d'apprécier la force des raisons, et non pas les raisons de la force. Car la délibération est un travail de mise en commun des raisons et elle a besoin de fomenter l'expression et la compréhension : proposer sans imposer, accepter sans se sentir humilié, être capable de passer des accords et de réaliser des transactions. Ainsi que Camus a pu le dire à d'autres occasions, la démocratie est un exercice d'humilité sociale : accepter que nous soyons tous nécessaires, que ce soient les raisons opposées d'autrui, avec qui il faut vivre, qui fixent la limite de la sagesse de chacun. Cela implique également d'assumer le fait que nous vivons au sein de quelque chose qui a été en son temps délibéré, et non pas fatalement imposé. Voilà pourquoi aucune appartenance ne peut servir de prétexte pour priver quelqu'un – quels que soient son sexe, ses origines, sa race ou sa condition familiale – de l'éducation civique qui lui permettra de participer à la gestion de la chose commune. Au-dessus de toutes les autres déterminations, nous partageons le fait d'être rationnels et donc raisonnables, c'est-à-dire d'être les acteurs et non les comparses du drame social que nous interprétons ensemble. Patrice Canivez explique : « Reconnaître à autrui la qualité de sujet en tant qu'être raisonnable, c'est lui reconnaître *ipso facto* le droit à l'éducation. Car c'est l'éducation qui lui permet de devenir ce qu'il est : un être de pensée, de parole et de communication. L'un des droits fondamentaux de tout homme, avec la liberté, est ainsi d'avoir les moyens intellectuels de la liberté » (*Éduquer le citoyen ?*).

Au sein de notre société pluraliste, la question de l'éducation civique est directement liée au sujet de la *tolérance*. Il n'y a pas d'éducation civique qui ne suscite la tolérance démocratique, mais n'est pas éducation civique ce qui tolère n'importe quelle idée ou conduite, c'est-à-dire ce qui ne fait pas la distinction entre tolérance et indifférence suicidaire. Il faut s'arrêter un instant sur ce point, car je crois que c'est actuellement une source de dangers équivoques. Toute éducation est une réflexion sur la culture effectivement partagée pour rechercher en son sein ce qui doit être soutenu et perpétué. L'objectif de l'éducation est la reproduction sociale *consciente* : pas la tentative de photocopier l'ordre établi jusque dans ses pires défauts, mais une sélection critique de ses aspects scientifiques et valorisants les plus prometteurs. En ce qui nous concerne, il s'agit d'établir le meilleur non pas de toute culture ou d'un peu de toutes les cultures équitablement, mais de la *culture démocratique*. Toutes les cultures ne sont pas démocratiques et donc elles ne méritent pas toutes d'occuper la même place ni de jouir de la même reconnaissance au sein de l'éducation civique : il serait absurde d'éduquer nos jeunes aussi bien en vue d'un système parlementaire qu'en vue d'un système féodal, ou sans prendre parti pour l'égalité de tous et contre toute discrimination de race et de sexe, ou en donnant autant d'importance épistémologique à la méthode scientifique et à la magie sympathique des chamanes. Éduquer, c'est préférer et renforcer, non pas respecter toutes les traditions comme si la raison ne pouvait discriminer parmi elles. Certains aspects de la vie peuvent être abordés depuis des perspectives culturelles différentes : en général, il s'agit de questions qui ont un rapport avec la façon dont on peut jouir de l'existence ou dont on peut chercher la perfection spirituelle. Ce pluralisme est enrichissant et il inspire ceux qui le partagent. Mais pour ce qui concerne les droits et les devoirs des citoyens, la règle commune est sans doute imposée par le cadre constitutionnel démocratique fondé sur la Déclaration des droits de l'homme, qui ne peut être aboli ou relativisé tout simplement parce qu'il contrasterait avec les habitudes de certains groupes bien précis dans la société. Après tout, la démocratie moderne a été une révolution contre de nombreux et de puissants absolus ancestraux et toute révolution rejette certains aspects du passé pour fonder l'orientation de l'avenir. Il serait absurde que les pays démocratiques, après avoir vaincu de façon révolutionnaire les absolus antidémocratiques de leur passé, acceptent de les importer à nouveau au nom d'une tolérance qui saboterait les présupposés politiques et culturels sur lesquels s'appuient nos sociétés.

Une des façons, faussement tolérante, de poser les problèmes qui pervertissent l'éducation civique et menacent la subsistance même de la démocratie est celle que l'on formule couramment ainsi : « En démocratie, toutes les opinions sont respectables. » C'est faux. Et précisément parce que dans les sociétés démocratiques tout le monde peut s'exprimer, débattre et voter – ainsi que jouir de droits qui protègent. Si cela signifie qu'il faut les accepter sans critique et sans protestation ou qu'il faut les perpétuer dans notre système éducatif, toutes les opinions ne doivent pas être « respectées » de la même façon. Dans une démocratie, toutes les personnes sont également respectables, mais pas toutes les opinions : loin s'en faut ! Et j'ose dire qu'aujourd'hui c'est fréquemment le contraire qui se produit, c'est-à-dire qu'à de nombreuses reprises, on respecte moins les personnes que les idées ou que l'on refuse d'obéir correctement aux droits de l'homme à cause d'une vénération idolâtrique à n'importe quelle sorte d'idées. Car la tolérance exige de planter un cadre commun de culture démocratique – prioritaire sur n'importe quelle autre culture – qui doit absolument être respecté : de telle façon que les citoyens qui vivent sous ledit cadre devront renoncer à l'exercice de l'intolérance, guidée par des critères privés, pour jouir égalitairement de la tolérance publique. Et le critère est spécialement important en ce qui concerne les questions religieuses : en démocratie, le droit à la liberté religieuse est respecté, mais il n'est pas admis que quiconque transforme son credo en *devoir* pour autrui, et encore moins qu'il revendique un statut légal différent de celui des autres citoyens. Dans un état démocratique, le droit à la différence existe, mais pas la différence des droits. Cette vision de la tolérance suppose d'apprendre à relativiser l'adhésion à certaines croyances et à certains cultes : nous pouvons les pratiquer et les diffuser à condition qu'ils n'aillent pas à l'encontre des lois ou des droits de l'homme, mais nous devons également être capables de supporter que d'autres les rejettent et même les ridiculisent. Être tolérant, c'est coexister avec ce que l'on désapprouve... et avec ceux qui nous désapprouvent !

Et enfin, ce que l'éducation civique enseigne à propos de la tolérance peut se résumer de la façon suivante : on peut être humain de nombreuses façons... *bien qu'elles ne soient pas toutes démocratiques*. Il est nécessaire d'apprendre à respecter la pluralité des chemins qu'emprunte ce qui est humain (et cette pluralité est bien loin d'être infinie, se reporter pour cela au chapitre suivant « Choisir l'humanité »), mais sans oublier l'irremplaçable défense des principes qui fondent notre régime de libertés publiques. Il faut éduquer pour prévenir aussi bien le fanatisme que le relativisme (parfois appelé « multiculturalisme » par quelques postmodernistes égarés). En ce qui concerne le fanatisme, disons qu'il ne s'agit absolument pas d'une sorte de fermeté envers ses convictions, bien au contraire, c'est une *panique* devant le risque de contagion de ce qui est différent. Le fanatique est quelqu'un qui ne supporte pas de vivre avec ceux qui pensent différemment de peur de découvrir que lui non plus n'est pas si sûr de ce qu'il dit croire. Voilà pourquoi Nietzsche, dans un de ses éclairs de maestria psychologique, a expliqué que le fanatisme est la seule force de volonté dont sont capables les faibles. En revanche, Sénèque a très bien dessiné le profil de la personne intelligemment tolérante et suffisamment convaincue de ses idées pour s'intéresser, sans hostilité excessive, aux convictions de ses contradicteurs, chez qui il y a toujours quelque chose à apprendre : « J'ai pour habitude de passer dans le camp ennemi, pas comme un transfuge, mais comme un explorateur (*sed tamquam explorator*) » (*Lettres à Lucilius*). Une telle attitude de convivialité serait une magnifique réussite d'éducation civique, laquelle cependant n'a rien de commun avec le relativisme qui établit le postulat faussement tolérant que « toutes les cultures sont également appréciables ». Il est certain qu'il n'existe pas de cultures supérieures aux autres, si l'on entend par là qu'elles n'auraient rien à apprendre des autres ; mais il est n'est pas vrai que toutes sont également compatibles avec la démocratie ou que la raison ne puisse choisir parmi celles-ci les traits politiques et sociaux les plus souhaitables. Cette aptitude à choisir, à préférer et à rejeter est le but que l'éducation civique devrait précisément atteindre avec les futurs citoyens.

Chapitre XI

CHOISIR L'HUMANITÉ

> Il est dangereux de trop faire croire à l'homme combien il est égal aux bêtes, sans lui montrer sa grandeur. Il est encore dangereux de lui trop faire voir sa grandeur sans sa bassesse. Il est encore plus dangereux de lui laisser ignorer l'un et l'autre.
>
> PASCAL

Voilà quelques mois, une chaîne de télévision européenne privée, spécialisée dans la programmation de spectacles provocateurs ou choquants, proposa à ses téléspectateurs ce que l'on pourrait appeler, au sens propre, « un plat de résistance ». Il s'agissait d'un soi-disant artiste de nationalité chinoise dont la *performance* consistait à manger le cadavre d'un jeune enfant devant les caméras. Cela entraîna protestations et scandale parmi les nombreux téléspectateurs. L'esthète cannibale répliqua à ces critiques qu'il ne connaissait aucune loi interdisant spécifiquement de diffuser ce genre de banquet à la télévision, qu'il considérait être à la fois l'expression d'une intime pulsion et d'une dénonciation de la société de consommation dans laquelle nous vivons. Parmi les plus indignés, quelques téléspectateurs sollicitèrent des autorités que, si ce vide légal s'avérait exact, l'on édicte immédiatement une règle qui s'oppose à de tels spectacles... Je me demande au nom de quoi on devrait promulguer une telle loi : peut-être de l'humanité ? Mais le concept d'humanité – ou, comme l'on disait jadis, « la nature humaine » – a-t-il encore aujourd'hui une quelconque capacité normative légitime ? Ne s'agirait-il pas plutôt d'un résidu confus du passé, d'inspiration théologique, qui fonctionnerait de temps en temps à de seules fins rhétoriques, mais auquel on ne pourrait plus recourir pour orienter les législations de nos États laïques ? Si un citoyen qui paie des impôts a envie de dévorer des corps d'enfants décédés de mort naturelle avec l'autorisation des familles et qu'une entreprise commerciale lui finance son caprice pour transformer cela en spectacle pour adultes... pourquoi ne serait-il pas en *droit* de le faire ? Le lui interdire n'équivaudrait-il pas à limiter sa sacro-sainte liberté individuelle au nom d'un préjugé « humaniste » que l'artiste ne partage pas ?

Bien entendu, tout au long du siècle dernier, on a fait appel de façon répétée à l'humanité, en tant que principe, pour édicter des normes légales. On a solennellement proclamé depuis les plus hautes instances internationales l'existence de droits « humains » – qui furent reconnus comme les droits les plus fondamentaux de tous – et on a inclus dans les codes de très graves peines pour sanctionner lesdits « crimes contre l'humanité », les seuls qui ne sont jamais prescrits. Et cependant... Toutes ces mesures furent prises à la suite d'attentats massifs particulièrement graves contre cette même humanité : camps d'extermination, bombardement des populations civiles à une échelle jamais vue, idéologies totalitaires à visée létale qui utilisèrent des méthodes industrielles pour liquider des personnes, appliquées par la suite dans le lointain Orient ou au sein des dictatures latino-américaines pendant la deuxième moitié du XXe siècle. Le philosophe Jonathan Glover a écrit une « histoire morale du XXe siècle » qui recense ces atrocités et bien d'autres, en les confrontant aux critères éthiques les plus respectés pendant cette même époque, et dont le titre en espagnol est particulièrement significatif : *Humanidad e inhumanidad*[1]. Comme en d'autres occasions, la définition d'une valeur – dans le cas qui nous occupe, l'« humanité » et la dignité qui l'accompagne – ne semble pas résulter de son acceptation commune et indiscutée, mais de sa violation systématique. L'humanité devient une valeur tout simplement parce que nous manquons d'humanité...

Cependant, depuis la fin du siècle dernier, il semble que la notion d'humanité est elle-même entrée dans une sorte de crise, mitigée au début, puis franchement ouverte. Trop insister sur elle risque de mener à une dérive « anthropocentriste », qui s'est de plus en plus affirmée avec le temps. Ce sont les machines qui ont

1. « Humanité et inhumanité ». *(N.d.T.)*

commencé à déplacer puis à remplacer avantageusement les humains, qui sont aussi dignes qu'on le voudra (avec par conséquent une fâcheuse tendance à revendiquer des droits), mais qui ont une capacité de travail beaucoup plus réduite, ils sont moins performants et moins résistants que certaines machines conçues pour produire davantage en moins de temps et à moindre coût. À partir du XIXe siècle, les capitalistes ont été plus intéressés par les avantages du machinisme que par les problèmes de l'humanisme. Mais tout au long du processus de production, l'instrument a progressivement déplacé le sujet productif : dans l'Antiquité, il y avait des outils qui nécessitaient la force musculaire humaine (ou animale) et d'être dirigés rationnellement par les hommes pour être efficaces ; puis vinrent les machines, qui ne nécessitaient plus d'apport musculaire mais devaient encore être soumises au pilotage humain ; et enfin, au fur et à mesure, nous sommes entrés dans l'ère des automates, qui n'ont pas besoin de nos muscles et à peine de notre intelligence (n'existe-t-il pas déjà une intelligence artificielle ?), qui se programment les uns les autres et nous offrent un modèle de calcul non pas imité de nos neurones, mais que nos neurones voudraient bien imiter... Évidemment, les humanistes militants insistent sur le fait que seuls nous, les hommes, sommes capables d'aller « au-delà » en transcendant nos programmations culturelles ou éducatives traditionnelles, tandis que l'ordinateur restera toujours confiné dans les limites de son *software* programmé humainement. Mais les cybernéticiens observent ces humanistes avec un petit sourire compatissant : « Un peu de patience et vous allez voir ce que vous allez voir ! » La mode cinématographique des films du genre *Matrix*, où les protagonistes sont des créatures virtuelles produites par l'ordinateur, qui subissent divers questionnements « existentiels » dus à leur condition, indique que l'idée que certains êtres « humains » puissent être fabriqués à l'image et à la ressemblance d'une certaine technologie sophistiquée n'est plus étrangère à nos contemporains. En viendrons-nous un jour à nous considérer comme de simples copies de nos propres simulacres ?

Face aux machines, l'anthropocentrisme humaniste peut sembler obsolète ou même pathétique ; mais face au reste de la nature il devient arrogant, injuste et déprédateur. De quel droit l'Humanité revendique-t-elle une dignité supérieure à celle de la Végétalité ou de l'Animalité ? D'après les écologistes les plus radicaux, l'homme n'est pas seulement le Roi de la Création, mais il constitue également la plus importante menace qui pèse sur la conservation de son équilibre. Une infime différence génétique nous sépare de certains autres primates et celle qui nous sépare des vers de terre ou des calmars n'est guère plus importante, mais nous nous conduisons cependant comme si tout ce qui vit sur la planète devait humblement s'incliner devant nous et satisfaire tous nos caprices ou périr. D'après une saine doctrine écologique, nous sommes des êtres naturels comme tous les autres, des mammifères aux grands airs extravagants qui réduisons à l'esclavage le reste des créatures, qui nous reproduisons de façon scandaleuse et qui polluons tous les paysages autour de nous. Notre spécificité génétique, ou même nos réussites culturelles – dont les aspects destructeurs ne sont par ailleurs que trop évidents – ne méritent pas une telle profusion d'éloges : les éthologistes n'en finissent plus de parler à leur tour de culture à propos d'autres branches zoologiques, ils prétendent que certains primates sont capables de réaliser des inventions techniques et de les transmettre à leurs congénères, ainsi que d'utiliser un langage symbolique rudimentaire, et ils concluent que ladite « civilisation » humaine ne serait qu'une variante plus développée et spécialement indélicate d'un processus évolutif préalable chez ceux qui s'enorgueillissent de posséder un « esprit ». Face à de telles constatations, insister sur l'excellence de l'humanité suppose un délit d'« espècisme » anthropocentrique équivalant – d'après Peter Singer et quelques autres inquisiteurs écolâtriques – à l'emphase avec laquelle on traita jadis la supériorité de la race blanche pour justifier l'esclavage et l'exploitation exercée sur d'autres races...

Dans le camp opposé à l'écologisme radical, les ingénieurs généticiens ne semblent pas non plus montrer un grand respect pour ceux qui, à leur avis, sacralisent ou « naturalisent » exagérément la vie humaine. Tout comme on a considéré en son temps que débarrasser les complexes délices de la sexualité humaine de leurs obligations simplement procréatrices était une réussite émancipatrice, pourquoi ne pourrions-nous pas aujourd'hui aller encore plus loin dans notre lutte contre les préjugés et séparer avec une efficacité clinique la fonction reproductrice de ses liens hasardeux avec les passions érotiques et les incertitudes biologiques ? Au bout du compte, il s'agit de la fécondation d'un ovule par un spermatozoïde dans les conditions qui nous semblent les plus convenables, et ce processus peut tout aussi bien être réalisé avec un maximum de garanties dans un laboratoire et sous un contrôle spécialisé, qu'en l'abandonnant au hasard ou à l'improvisation de quelque spontanéité aussi enthousiaste que parfois incompétente. Le spermatozoïde et l'ovule ont l'un et l'autre besoin d'un « donneur », mais pas d'un « père » au sens strict, ni d'une « mère » au sens classique, traditionnel et socialement embarrassant du terme. L'utérus dans lequel la gestation sera menée à son terme peut par exemple avoir été loué et cela suppose probablement une avancée : aurions-nous oublié que, dans le domaine de l'immobilier, s'acharner à devenir propriétaire de son lieu d'habitation plutôt que s'installer dans un logement de location (y compris préfabriqué et jetable : deux aspects qui marquent la modernité dans toute sa splendeur) est le signe d'une mentalité archaïque ? Le clonage humain, qui aujourd'hui réveille de superstitieuses suspicions, pourra bientôt devenir un moyen parfait de satisfaire l'idéal du moi qu'implique probablement le désir d'engendrer une progéniture. Et ne parlons pas des manipulations réparatrices du génome qui pourront éviter au rejeton non seulement la propension à certaines maladies, mais aussi des tendances à certains vices bien précis. Peter Sloterdijk (dans ses *Règles pour le parc humain*) a scandalisé les humanistes rétrogrades en se demandant ceci – non sans une certaine ironie, c'est incontestable : « Une anthropotechnique future atteindra-t-elle le stade d'une planification explicite des caractéristiques ? L'humanité pourra-t-elle accomplir, dans toute son espèce, un passage du fatalisme des naissances à la naissance optionnelle et à la sélection prénatale ? » Au bout du compte, pourquoi ne pas charger l'eugénisme de réaliser avec efficacité ce que l'éducation tente de faire aujourd'hui de façon si douteusement satisfaisante ? Jusqu'à quand le concept d'humanité continuera-t-il à être une vache sacrée que l'on n'ose pas écarter du chemin du progrès évolutif ?

La première objection contre le concept d'humanité, c'est qu'il n'est pas très compréhensible et qu'il est plein de sous-entendus. Il se prête plus à être invoqué comme renfort rhétorique qu'à être utilisé comme argument de précision. Certains de ses détracteurs ont le sentiment qu'il existe une tendance conservatrice consistant à considérer comme caractéristiquement « humain » ce qui fut humain *avant*, c'est-à-dire un certain type de tradition culturelle. Dans son *Anti-nature*, Clément Rosset explique de façon concluante que pour de nombreux auteurs – à commencer par Pline – le « naturel », c'est l'ancien, ce qui répond à la méthode traditionnelle, c'est-à-dire : ce dont l'artifice nous semble trop familier pour imaginer que nous l'avons nous-mêmes choisi. Peut-être que ce que nous appelons « humain » obéit dans la plupart des cas à un préjugé de ce genre. S'il en était ainsi, cela signifierait – l'« humanité » ayant varié de telle façon à travers les époques et sous certaines latitudes – que l'esclavage, l'infériorité de la femme et même l'anthropophagie ont été parfaitement humains en d'autres temps et dans certains lieux pour cesser de l'être ensuite au gré des variations de la tradition sociale en vigueur... et il ne faut pas exclure qu'ils le deviennent à nouveau si les temps changent. Ainsi, ce qui était « humain » il n'y a pas si longtemps et s'appuie toujours sur des légendes qui le légitiment pourrait bien continuer à l'être. L'humanité serait alors formée par l'empilement successif des peaux normatives que le reptile humain a remplacées tout au long des siècles de mue et à travers les sociétés. Ces résidus fragiles et vénérés inspirent à l'esprit postmoderne, cosmopolite et diachronique plus d'ironie qu'un authentique respect. Ils servent à dresser l'inventaire de nos options passées, mais ils échouent lorsqu'ils tentent d'orienter les options futures. Déjà le fameux *dictum* de Terence – « Je suis homme et rien de ce qui est humain ne m'est étranger » – ne se révélait pas très utile lorsqu'il s'agissait de juger ce qui était préférable. Et sa version postmoderne que nous pourrions formuler ainsi : « Je suis homme et donc j'assume l'inhumanité comme ma plus intime parenté », le sera moins encore.

Dans le souci d'éviter à l'humanité les relents rancis de la tradition ou de la théologie, certains auteurs néo-conservateurs (si l'on veut bien accepter cet oxymore) récupèrent la notion classique de nature humaine, tout en tenant compte des progrès scientifiques accomplis. Dans *La Fin de l'homme*, Francis Fukuyama prétend que « la nature humaine est la somme du comportement et des caractéristiques typiques de l'espèce humaine, que l'on doit plutôt à des facteurs génétiques qu'à des facteurs environnementaux ». Kant croyait déjà que l'espace et le temps étaient les seules structures inévitables (c'est-à-dire non conventionnelles) de l'aperception humaine. Fukuyama, de son côté, en ajoute plusieurs autres sur la liste : « Nous voyons les couleurs et nous réagissons aux odeurs ; nous identifions les expressions faciales et nous analysons le langage pour y déceler le témoignage de la trahison ; nous évitons certains dangers et nous nous engageons dans la réciprocité ; nous poursuivons notre vengeance, nous éprouvons de l'embarras, nous prenons soin de nos enfants et de nos parents, et nous avons de la répulsion pour l'inceste et le cannibalisme ; enfin, nous attribuons des causes à des événements et bien d'autres choses encore – parce que l'évolution a programmé la pensée de l'homme pour qu'elle agisse conformément aux comportements typiques de l'espèce. Comme dans le cas du langage, nous devons apprendre à exercer ces capacités en interagissant avec notre environnement – mais le potentiel pour les développer et la façon dont elles sont programmées en nous pour se développer sont présents dès la naissance. » Même si cette vision génétique de la « nature » humaine était irréfutable (et elle est bien loin de l'être), elle ne permettrait pas de résoudre la plupart de nos problèmes : quelle importance normative pouvons-nous concéder dans nos sociétés contemporaines à ce qui n'est pas issu d'accords entre des intérêts personnalisés, mais qui est le résultat du processus impersonnel de l'évolution (souvenons-nous de la fallacieuse illusion naturaliste de Hume) ? et aussi, la possibilité d'altérer aujourd'hui l'évolution génétique humaine fait-elle partie de l'évolution génétique humaine ? Si certains tabous ou certaines règles de conduite sont « naturellement » humains, qu'advient-il des groupes ou des individus qui ne les respectent pas ? Sont-ils « inhumains » ? Les animaux réalisent leurs paradigmes évolutifs sans jamais en sortir, non pas par obéissance mais à cause d'une aveugle nécessité. Aucun d'eux ne sera « inanimal » à cause de ses péchés... ils n'ont même pas le choix d'être pires ou meilleurs que ce que leur demande leur devenir biologique. Il se peut que nos formes de comportement répondent à des paradigmes innés comme ceux qui, d'après Noam Chomsky, structurent générativement notre aptitude linguistique, et qui s'activent et se concrétisent en interagissant socialement ; mais il est aussi impossible d'établir des règles communautaires à partir d'eux et de leur abstraction générique que d'apprendre n'importe quelle langue réelle sans autre guide que les paradigmes de Chomsky.

En réalité, même les structures d'espace et de temps évoquées par Kant ne parviennent pas à atteindre vraiment une inconditionnalité anthropologique (elles dépendent plutôt de conventions historiques et localement caractéristiques, plus relatives qu'on ne l'a cru il y a deux cents ans), et encore moins la série multicolore offerte par Fukuyama. La génétique humaine est aussi compatible que l'anthropophagie considérée comme un régime alimentaire ; la reconnaissance effective des couleurs et des odeurs dépend beaucoup plus de facteurs sociaux que de nos chromosomes, pour ne pas parler de l'inceste ou des préoccupations linguistiques. L'évolution n'a pas « programmé la pensée de l'homme pour qu'elle agisse conformément aux comportements typiques de l'espèce », car il n'existe pas de comportements typiques de l'espèce pour des passions aussi définitoires de notre parenté que la vengeance ou la réciprocité. Comme l'a parfaitement expliqué en son temps Anthony Kenny dans *Action, Emotion and Will*, « il n'existe aucune forme particulière de conduite qui soit caractéristique d'une émotion de la même façon que le fait de manger l'est par rapport à la faim ». Lorsqu'on a faim, manger est un comportement typique pour lequel l'esprit humain a été programmé par l'évolution ; mais il n'existe pas de « programme » équivalent concernant la jalousie ou la solidarité. Il est probable qu'aucune conduite humaine ne manque absolument de fondement génétique, mais ce qui est sûr c'est qu'aucune émotion ni passion humaine ne possède un comportement génétique programmé de façon inéquivoque : la nature nous détermine pour être humain, mais elle nous permet de l'être à notre façon... c'est sur cela que repose notre particularité par rapport aux êtres vivants qui pourraient nous ressembler le plus. Ou pour le dire avec les mots exceptionnels d'Hannah Arendt, dans « La condition humaine », premier chapitre de son œuvre fondamentale la *Condition de l'homme moderne* : « Rien ne nous autorise à supposer que l'homme ait une nature ou une essence comme en ont les autres objets. En d'autres termes, si nous avons une nature, une essence, seul un dieu pourrait la connaître et la définir, et il faudrait d'abord qu'il puisse parler du "qui" comme d'un "quoi". » « Que » sommes-nous n'a d'intérêt que comme question philosophique dans la mesure où cela pourrait nous aider à connaître « qui » nous sommes ; mais si cela nous bloque l'accès à cette deuxième recherche, cela ne fait que nous distraire de ce qui nous intéresse réellement.

Le problème réside précisément dans cette dialectique entre *ce que* nous sommes et *qui* nous sommes. Si nous nous intéressons à ce que nous sommes et que nous nous contentons de la dotation génétique ou de la description physiologique, nous restons confinés dans une espèce zoologique évidemment commune à tous nos congénères, mais incapable de rendre compte de notre aventure symbolique plurielle et de notre résistance – à partir de celle-ci – au simple conditionnement instinctif, historiquement bouleversé par l'action innovatrice de la technique et du social qui le module, le défie et le transgresse sans cesse. Nous pourrions dire que ce qui nous *humanise*, en nous arrachant ou en nous opposant à notre nature commune, c'est précisément ce qui en nous inscrivant dans une particularité symbolique culturelle semble empêcher l'universalité de notre condition. Et cependant, sans cette universalité, des projets aussi éthiquement et politiquement nécessaires que la reconnaissance des droits de l'homme, dont l'inscription requiert une appartenance inconditionnelle à l'humanité, demeurent difficilement soutenables. Ce qui nous limite à une simple inscription zoologique est inhumain, mais ce qui élargit l'offre symbolique au point qu'elle ne reconnaît plus de lien avec les conditionnements naturels qui universalisent notre critère spécifique l'est également. Nous nous débattons dans ce dilemme et ce paradoxe, car nous ne pouvons pas observer l'humanité du *dehors*, comme le feraient les dieux.

À mon avis, choisir aujourd'hui l'humanité, c'est opter pour un projet d'autodélimitation de tout ce qui touche à ce que nous pouvons faire, un projet de sympathie solidaire devant la souffrance de nos semblables et de respect devant la dimension immuable que l'humain doit conserver pour ce qui est humain. Autodélimitation, solidarité, respect : se savoir humain ne signifie pas accepter un fait – biologique ou culturel –, mais plutôt prendre une décision et se mettre en marche. Quant à l'autodélimitation, elle consiste à se rebeller contre le dogme obscurantiste auquel souscrivent les faux progressistes, les adorateurs du mécanisme scientifique : « Il faut faire tout ce qu'il est possible de faire ; il ne faut surtout pas mettre d'obstacle à l'avancée de la technique. » Et pourquoi pas ? La technique est un outil, ce n'est pas un idéal en marche. Elle doit être au service de nos valeurs, non pas les dicter ; le contraire n'est pas un progrès éclairé, mais une idolâtrie atavique masquée, le retour cruel de Moloch. Lady Macbeth, qui se moque des doutes de son mari à propos de l'assassinat de Duncan qui lui permettra de « progresser » – c'est-à-dire de devenir roi – et le traite de lâche, s'entend répondre par le malheureux personnage shakespearien : « Paix, je te prie! Je sais oser ce qui sied à un homme. Qui ose davantage, il n'en est plus un. » Ah, si Macbeth avait pu rester fidèle au critère selon lequel l'audace entreprenante possède une limite au-delà de laquelle l'inhumain se tapit! En cherchant le meilleur, dans le domaine de l'ambition du pouvoir, il assassine le rêve, le doux rêve de chaque nuit, au cours duquel les humains se réconcilient avec eux-mêmes et avec leurs plus brûlants désirs... La sympathie pour la souffrance guide nos actions à l'adoucir lorsque c'est possible, à ne jamais l'aggraver volontairement et gratuitement. Ce précepte s'adresse en premier lieu à nos semblables humains, mais il est raisonnable – *humainement* raisonnable – qu'il soit également élargi à ces autres êtres dont nous rapproche quelque peu notre aptitude à subir la douleur.

Et n'oublions pas le respect envers l'énigme de ce qui est humain et que personne ne peut manœuvrer ni conditionner instrumentalement, ni même en invoquant les arguments du paternalisme politique ou eugénique. Les humains doivent éduquer les humains et passer des accords entre eux, mais jamais « fabriquer » des répliques fondées sur des projets qui les priveraient de leur filiation hasardeuse et de leur liberté de choisir. Il est humain d'engendrer et d'élever des semblables, mais pas de concevoir des modèles à la faveur du caprice de quelque préjugé occasionnel que la technique permet et que le marché rend rentable. Que ce qui est humain reconnaisse ce qui est humain, un peu par nature et un peu par fraternité symbolique (nous nous ressemblons tous de plus de mille autres façons essentielles que celles que révèle en principe notre diversité culturelle), que ce qui est humain cherche l'humanité sous la pluralité de ses manifestations, que les hommes grandissent et vivent parmi les humains, toujours *précieux* les uns pour les autres, mais que jamais les uns ne deviennent l'artificielle manufacture des autres et qu'on ne doive au grand jamais les considérer asymétriquement, non plus comme des semblables, mais comme des créateurs. Si je ne me trompe, c'est ainsi que se présente aujourd'hui le projet du pari pour l'humanité.

Chapitre XII

CHOISIR LA CONTINGENCE

> Celui-là passera sa vie maître de soi et joyeux à qui, jour après jour, il est permis de dire : « J'ai vécu. » Que demain le Père remplisse le firmament d'une nuée noire ou d'un clair soleil : il ne peut, pour cela, rendre vaine toute chose qui est derrière nous, il ne peut changer ou faire que ne soit pas arrivé ce que l'heure a, une fois, emporté en fuyant.
>
> HORACE, *Odes*, livre III, 29

La maladie des humains, c'est l'*emphase*. Ou peut-être ne sommes-nous pas à proprement parler malades mais seulement convalescents, car la soif d'emphase est quelque chose comme un ultime et récurrent accès de fièvre, conséquence de nos longues souffrances dogmatiques passées : religions de l'absolu, absolutisation religieuse de projets sociaux ou de formules scientifiques (lesquelles en s'absolutisant cessent de l'être pour devenir de simples enchantements). Nous nous libérons des religions, nous ne croyons plus aux dogmes, mais nous conservons leur emphase, la nostalgie déchirante de leur emphase. L'emphase est une mise en valeur hyperbolique de la contingence, c'est-à-dire une façon enthousiaste de magnifier ce qui peut très bien être ou ne pas être. Nous n'intronisons pas le faux ou l'insolvabilité, nous faisons plutôt devenir faux et insolvable ce que nous intronisons... du fait même de nous acharner à l'introniser sans réserve ni salut.

L'emphase distord par excès d'intensité : elle annule les proportions, déforme l'échelle humaine... comme ces miroirs qui se dressent dans les baraques foraines et distordent de façon grotesque l'image qu'à la fois ils reflètent et pervertissent. Ce que montrent ces miroirs garde une ressemblance suffisamment compromettante avec le modèle reproduit, mais ils sont trompeurs envers sa morphologie et sa topologie : ils rendent le modèle à la fois reconnaissable et méconnaissable. Nous le connaissons, mais d'une façon si emphatique et grossissante que nous ne sommes plus très sûrs de savoir de quoi il s'agit... Ce qui était auparavant familier rompt sa parenté avec nous, devient gigantesque et nous rend esclaves, ou nous déçoit radicalement lorsqu'on s'aperçoit que son gigantisme était un vulgaire effet d'optique. Dans un premier temps, nous apprécions l'absolutisation de la contingence, puis – si nous nous voyons forcés par le trauma du réel de corriger sa fausse perspective – nous la méprisons car elle n'a pas su répondre à notre attente emphatique d'absolu. Et nous reprenons à notre compte la plainte de Macbeth envers l'apparition,

Trivial = devenu banal, commun
Bas et grossier

à l'instant où il comprend qu'il n'aurait jamais dû prêter une si littérale crédulité emphatique aux prédictions annonçant que pour qu'il soit vaincu, « il faut que le grand bois de Birnam avance contre lui jusqu'à la crête de Dunsinane », ou qu'il existe des êtres qui ne sont pas nés d'une femme : nous aussi, nous sommes prêts à proclamer que le démon « ment sous une ombre de vérité ». Ce diable si peu fiable qui nous déçoit est le génie malin d'une emphase démesurée.

On accuse notre époque d'être irrémédiablement « triviale ». Mais cette trivialité est souvent ce qui déçoit de façon immédiate notre soif d'emphase. Les emphatiques ont du mal à reconnaître que la trivialité qui refuse à tendre vers l'absolu est sans doute la moins triviale de toutes, celle qui préserve le mieux les proportions. L'authentique trivialité morbide consiste à transformer la contingence en nécessité, à hypertrophier en quelque chose de transcendant ce que l'enchantement et la signification cherchent précisément à laisser immanents. La trivialité, c'est la nécessité de mettre une majuscule à tout ce qui sans elle, dans sa brièveté éphémère et émouvante, devrait susciter d'autant plus notre estime et notre respect : en trivialisant l'amour en Amour, la justice en Justice, la démocratie en Démocratie, les libertés en Liberté, la nature en Nature et l'humain en Humanité. Si notre époque sceptique et pressée pouvait reculer devant les majuscules, il faudrait la bénir ne serait-ce que pour cette raison. Mais je doute que cela se produise, car nous voyons encore dans tous les domaines – politiques, sociaux, artistiques, religieux... – une soif distordante d'emphase capable éventuellement de transformer en monstre ce qui est domestique et en danger ce qui est utile, comme cela se produit dans ces films où une araignée minuscule, une belle femme ou un enfant deviennent gigantesques au point de se transformer en facteurs incontrôlables et catastrophiques. Si je m'apercevais que Dieu s'écrit à présent avec une minuscule... et même au pluriel, je pourrais éventuellement accepter le retour postmoderne et affaibli des anciens dogmes ecclésiastiques. Mais cela ne s'est pas encore produit.

Le fait de vouloir imposer de toutes parts l'emphase se justifie par la recherche d'un sens de la vie ou, si l'on préfère, du Sens. Nos actions, nos institutions, nos sentiments ont un sens, mais c'est un sens contingent, comme nous le sommes d'ailleurs nous-mêmes. Ce sens, que concède le quotidien que nous aimons et que nous recherchons, nous ressemble trop pour nous sembler pleinement satisfaisant. Nous aimerions que les sens minuscules des choses et des actes contingents débouchent sur un Sens majuscule, sans appel et nécessaire. Autrement dit, nous aimerions parvenir à atteindre, par la voie des sens contingents et tout en les dédaignant, un Sens supérieur, éternel et nécessaire, qui se situerait au-delà de toute contingence et nous y arracherait à notre tour. Et comme un tel Sens n'en finit jamais d'arriver (et que lorsqu'il semble être arrivé, il se dissipe dans une accablante fumée de ruines), nous proclamons que l'existence est absurde et vide. Odo Marquard a très bien décrit, et avec une ironie tout à fait lucide, cette impossibilité de faire nos adieux au *sen-*

sationnel, au sens sensationnel et au manque non moins sensationnel de sens, qui empoisonne nos activités et nos plaisirs. Celui qui subit cette soif, explique Marquard, « ne veut pas lire, il veut du sens, il ne veut pas écrire, il veut du sens, il ne veut pas non plus travailler, il veut du sens, il ne veut pas fainéanter, il veut du sens, il ne veut pas aimer, il veut du sens, il ne veut pas aider, il veut du sens... [...] il ne veut pas de famille, mais du sens, il ne veut pas d'État, mais du sens, il ne veut pas d'art, mais du sens, il ne veut pas d'économie, mais du sens, il ne veut pas de science, mais du sens, il ne veut pas de compassion, mais du sens, etc. ».

Et c'est précisément de cette façon que l'on boycotte toutes les choses qui apportent un sens délimité mais authentique à la vie ; c'est le désir trouble d'un Sens majuscule, sans médiation et incompatible avec notre contingence, qui rend impossibles notre plaisir et notre mieux-être. La boulimie emphatique du sens transforme en non-sens et en tas de cendres le tissu même de ce qui constitue notre besogne vitale. Nous nous sentons misérablement insignifiants parce que nous circulons parmi des significations provisoires, ni plus ni moins éphémères et aussi réelles que nous-mêmes. On prétend que cette soif est sublime, mais en vérité elle est profondément triviale et même carrément trivialisante. Elle ne nous délivre d'aucun des maux qui nous guettent et elle trouble le bien auquel on peut prétendre. Voilà pourquoi Marquard explique que nous devrions pratiquer une diététique du sens et faire une cure d'amaigrissement de l'emphase...

En termes philosophiques plus classiques et moins ironiques, cette diététique deviendrait une éthique et une esthétique de la contingence. Une éthique et une esthétique pas seulement résignées devant la contingence, mais inspirées par son caractère transitoire et son incertitude. Saint Thomas a expliqué que la « contingence » était ce qui pouvait être et ne pas être, c'est-à-dire ce qui existe éventuellement sans être nécessairement. Cependant, ce qui est, en tant qu'il est, appartient ineffaçablement à l'existence : cela pourra cesser d'être mais ne cessera jamais d'avoir été. Sa fragilité perpétuellement menacée, qui n'est fondée sur rien et ne justifie rien par nécessité, défie avec son « ici » et son « encore ici maintenant », la brumeuse infinitude temporelle qui la précède et qui la suit. Maintenant nous sommes, c'est maintenant que se produit ce qui nous concerne et nous importe, et aucun absolu n'est plus invulnérable que notre invulnérabilité transitoire. L'ode d'Horace que ce chapitre porte en épigraphe exprime avec une poétique concision ce concept profond. C'est autour de cela que devront tourner l'éthique et l'esthétique, en partant du fait que le bon est ce qui nous convient dans sa contingence et que le beau est une considération de ce qui manifeste sa contingence. Ni l'une ni l'autre ne répondent au critère de l'absolu, mais elles ne renoncent pas non plus absolument à proposer des critères qui soutiendront sa raison périssable comme si elle méritait de ne pas périr. Et elles ne prétendent pas posséder (elles ne se désespèrent pas non plus de ne pas posséder) un Sens majuscule, qui passerait au-dessus de tout et dédaignerait les tentatives de médiations que nous connaissons, mais elles jouent à partir de l'entrecroisement des multiples sens qui orientent nos activités et façonnent notre vision vitale.

La contingence n'est pas une plaie dans l'engagement éthique et esthétique, mais sa condition inexcusable. Dans ces deux catégories de base, celle du bon et celle du beau, on trouve une exaltation qui entend fêter et un projet qui a soif de conserver. Mais on ne peut fêter que ce qui parvient à être de façon admirable alors que cela aurait très bien pu ne pas avoir été : il est absurde de fêter ce qui est, alors que cela est de façon irrémédiable. Et qui voudrait se proposer sérieusement de « conserver » ce qui est éternel ? Nous tentons de conserver seulement ce que nous risquons de perdre. Et l'amour fonctionne de la même façon : il s'agit de fêter l'existence de ce que nous estimons nous convenir, mais qui peut disparaître ou tout aussi bien ne jamais advenir. Je ne comprends pas bien comment on peut parler d'un « amour » de Dieu, car ce qui est nécessaire et éternel peut être considéré comme une chose terrible ou être vénéré comme une chose sublime, ou encore être accepté avec résignation et confiance... mais jamais être vraiment « aimé »... Supposer le contraire, c'est blasphémer contre le véritable amour, qui s'accroche avec une détermination fébrile à ce qui pourrait s'évanouir. Il est donc logique que quiconque se sent mortel aime la vie : parce qu'elle est venue à lui par hasard et parce qu'il va la perdre irrémédiablement. Contrairement à ce que dit Platon, rien ne convient moins au bon et au beau que l'inaltérable éternité. Sans contingence, il n'est pas d'éthique qui protège ni d'esthétique qui admire et jouisse.

Baudelaire a parlé de l'« extase de la vie » et de l'« horreur de la vie ». Les deux vont de pair, elles sont inséparables, comme les clefs de notre contingence. Le prix de l'extase, c'est l'horreur ; le rachat de l'horreur, c'est l'extase. Extase, car la présence actuelle de la réalité est irréparable et inattaquable dans son aveugle gratuité que rien ne justifie, mais que rien ne peut non plus effacer ; horreur, car cela vient du silence et de l'ombre, où elle retournera. On ne peut rien demander de plus, on ne peut accepter moins. Nous appelons *joie* cette pleine, entière et inconditionnelle acceptation de la vie qui se manifeste entre les papillotements de l'être et du non-être. La joie ne justifie rien et ne repousse rien : elle assume la chose unique et fragile qui lui est offerte comme si c'était son seul espace de jeux. Et elle prend son plaisir à l'intérieur de celui-ci avec une fierté, un effort et une générosité qui peuvent parfois sembler cruels et qui au fond, réflexivement, sont surtout compatissants. La joie est le nerf mystérieux qui nous lie sans réserve à la beauté au sein de l'esthétique et au bien au sein de l'éthique.

La beauté de la contingence est ce qui fête aussi bien le frémissement de ce qui nous est donné que l'ombre de ce qui nous manque. Ni le Bien ni la Beauté ne sont des propositions inaltérables, éternelles, qui nous guettent à l'extérieur de la caverne de cette fugacité où se déroule l'histoire que nous incarnons. Ne nous acharnons pas à vouloir sortir de cette caverne, et ne croyons pas ceux qui disent qu'ils en sont sortis et qui se vantent d'y être retournés pour nous éblouir avec l'impalpable. Choisissons une humble tentative d'amélioration de ce qui nous semblera toujours d'une certaine façon imparfait, plutôt que de le repousser avec un découragement coupable ou de tenter de lui donner une gigantesque importance jusqu'à ce que son énormité inhumaine nous accable. La seule façon, compatible avec notre contingence, de multiplier les biens que nous apprécions, c'est de les échanger, de les partager, de les *communiquer* à nos semblables, afin qu'ils rebondissent avec eux et qu'ils reviennent vers nous chargés d'un sens rénové. Elle est triviale cette démesure qui prétend hisser n'importe quelle signification jusqu'à une totalité qui romprait nos multiples rapports fragmentaires, partiels et successifs avec ceux qui nous regardent dans les yeux depuis la même stature que nous. Ce qui nous sauve – à nos yeux, du moins – de la non-signification réside précisément dans les prudents égards que nous manifestons à ce que nous admirons en prenant garde de ne pas le modifier. Et aussi dans la façon que nous avons de ne pas nous résigner à ses habitudes ou à sa médiocrité : l'acceptation joyeuse de la contingence n'empêche pas de lutter pour l'excellence. Nous n'entendons pas par excellence la recherche de quelque absolu (l'excellence obtenue serait tout aussi contingente que la médiocrité dépassée), mais plutôt la soif d'aller au-delà et de perfectionner ce que nous avons réussi... sans jamais franchir les limites que définit et marque le sens auquel nous pouvons prétendre.

Finalement la recherche du bon et du beau est juste une route le long de laquelle nous cheminons contraints et forcés avec inquiétude, mais non sans harmonie. Serons-nous capables d'éviter joyeusement la contamination de l'emphase ?

Adieux

Je me suis souvent demandé,
et je n'ai pas trouvé la réponse,
d'où venait le doux et le bon,
je ne le sais toujours pas aujourd'hui,
à présent il me faut m'en aller.

Gottfried Benn

Remerciements

À Christian Bouchindhomme pour sa contribution à la traduction de la citation d'Habermas (p. 102).

À Jacques Ancet pour sa traduction du poème de Quevedo, *Amour constant au-delà de la mort* (p. 125).

Bibliographie générale

ARENDT Hannah, *La Vie de l'esprit*, trad. L. Lotringer, Paris, PUF, 1993.

–, *Condition de l'homme moderne*, trad. G. Fradier, Paris, Presses Pocket, 1993.

ARISTOTE, *Éthique à Nicomaque*, trad. J. Voilquin, Paris, Garnier-Flammarion, 1992.

–, *La Métaphysique*, trad. J. Barthélemy-Saint-Hilaire et P. Mathias, Paris, Presses Pocket, 1991.

AUDEN Wystan Hugh, *Poésies choisies*, trad. J. Lambert, Paris, Gallimard, 2005.

BAUMAN Zygmunt, *Freedom*, Minneapolis, University of Minnesota Press, 1988.

BENASAYAG Miguel, *Penser la liberté*, Paris, La Découverte, 1994.

BEROFSKY Bernard, *Freedom from Necessity*, Londres, Routledge & Kegan Paul, 1987.

Bible de Jérusalem, traduite sous la direction de l'École biblique de Jérusalem, Paris, Cerf, 2001.

BIERCE Ambrose, *Le Dictionnaire du diable*, trad. B. Sallé, Paris, Rivages, 1996.

Bieri Peter, *Das Handwerk der Freiheit*, Munich, Hanser, 2001.

Canivez Patrice, *Éduquer le citoyen ?*, Paris, Hatier, 1995.

Charlton William, *Weakness of Will*, Oxford, Basil Blackwell Ltd., 1988.

Clarke Paul Barry, *The Autonomy of Politics*, Aldershot (Grande-Bretagne), Avebury, 1988.

Conche Marcel, *Temps et Destin*, Paris, PUF, 1992.

–, *Essais sur Homère*, Paris, PUF, 2002.

Cranston Maurice, *Freedom : A New Analysis*, Londres, Longmans, Green & Co., 1954.

Crick Bernard R., *In Defence of Politics*, Londres, Continuum, 2000.

Cruz Manuel, *¿ A quién pertenece lo ocurrido ?* Madrid, Taurus, 1995.

–, *Acción humana*, Barcelone, Ariel, 1997.

Dante, *La Divine Comédie*, trad. A. Masseron, Paris, Albin Michel, 1995.

Dostoïevski, *Mémoires écrits dans un souterrain*, trad. H. Mongault et M. Laval, Paris, Gallimard, 1949.

Fromm Erich, *Le Cœur de l'homme*, trad. S. Laroche, Paris, Payot & Rivages, 2002.

Fukuyama Francis, *La Fin de l'homme : les conséquences de la révolution biotechnique*, trad. D.-A. Canal, Paris, Gallimard, 2004.

Gehlen Arnold, *Anthropologie et Psychologie sociale*, trad. J.-L. Bandet, Paris, PUF, 1990.

–, *Der Mensch : seine Natur und seine Stellung in der Welt*, Francfort, V. Klostermann, 1993.

GELLNER Ernest, *Nations et Nationalisme*, trad. B. Pineau, Paris, Payot, 1989.

GEYMONAT Ludovico, *La libertà*, Milan, Rusconi, 1993.

GIDE André, *L'Immoraliste*, Paris, Gallimard, 1994.

GLOVER Jonathan, *Humanity : A Moral History of the Twentieth Century*, Londres, J. Cape, 1999.

GRAY Tim, *Freedom*, Londres, MacMillan, 1991.

GRIMAL Pierre, *Les Erreurs de la liberté*, Paris, Les Belles Lettres, 1990.

GUILLEBAUD Jean-Claude, *Principe d'humanité*, Paris, Seuil, 2002.

HABERMAS Jürgen, *Kommunikatives Handeln und detranszendentalisierte Vernunft*, Stuttgart, P. Reclam, 2001. À paraître en français aux éditions Fayard.

HARE R.M., *Freedom and Reason*, Oxford, Clarendon Press, 1964.

HAYEK Friedrich August, *La Constitution de la liberté*, trad. R. Audouin et J. Garello, Paris, LITEC, 1993.

HEGEL Georg Wilhelm Friedrich, *Phénoménologie de l'esprit*, trad. G. Jarezyk et P.-J. Labarrière, Paris, Gallimard, 2002.

HORACE, *Odes*, trad. F. Villeneuve, Paris, Les Belles Lettres, 2002.

HORKHEIMER Max, « Matérialisme et métaphysique », in *Théorie traditionnelle et théorie critique*, trad. C. Maillard et S. Muller, Paris, Gallimard, 1996.

IGNATIEFF Michael, *L'Honneur du guerrier*, Paris, La Découverte, 2000.

KENNY Anthony, *Action, Emotion and Will*, Bristol, Thoemmes Press, 1994.

LEC Stanislaw Jerzy, *Nouvelles pensées échevelées*, trad. A. et Z. Kozimor, Paris, Payot & Rivages, 2000.
MACINTYRE Alasdair Chalmers, *Dependent Rational Animals*, Chicago, Open Court, 1999.
MANENT Pierre, *Cours familier de philosophie politique*, Paris, Gallimard, 2004.
MARQUARD Odo, *Apologie des Zufälligen*, Stuttgart, P. Reclam, 1986.
MEYER Philippe, *L'Illusion nécessaire*, Paris, Plon, Flammarion, 1995.
MONTAIGNE, *Essais*, Paris, PUF, 2004.
–, *Apologie de Raymond Sebon*, Paris, Flammarion, 1999.
MOREL Christian, *Les Décisions absurdes*, Paris, Gallimard, 2004.
MORIN Edgar, *L'Humanité de l'humanité*, Paris, Seuil, 2003.
NANCY Jean-Luc, *L'Expérience de la liberté*, Paris, Galilée, 1988.
OGIEN Ruwen, *La Faiblesse de la volonté*, Paris, PUF, 1993.
OVIDE, *Les Métamorphoses*, Paris, Nathan, 1999.
PASCAL, *Pensées*, Paris, Gallimard, 2004.
PEREC Georges, *Je suis né*, Paris, Seuil, 1990.
PIC DE LA MIRANDOLE Jean, *Œuvres philosophiques*, trad. O. Boulnois et G. Tognon, Paris, PUF, 1993.
POPPER Karl R., *Des sources de la connaissance et de l'ignorance*, trad. M.-I. et M.-B. de Launay, Paris, Payot & Rivages, 1998.
ROSSET Clément, *L'Anti-nature : éléments pour une philosophie tragique*, Paris, PUF, 1990.
ROTHBARD Murray, *L'Éthique de la liberté*, trad. F. Guillaumat, Paris, Les Belles Lettres, 1991.

RUMIATI Rino, *La Negoziazione*, Milan, R. Cortina, 2001.
SAFRANSKI Rüdiger, *Le Mal ou le théâtre de la liberté*, trad. V. Sabathier, Paris, Grasset, 1999.
SAINT AUGUSTIN, *Confessions*, trad. A. d'Andilly, Paris, Gallimard, 1993.
SAINT-EXUPÉRY Antoine de, *Terre des hommes*, Paris, Gallimard, 1993.
SÁNCHEZ Ferlosio Rafael, *Nous aurons encore de mauvais moments*, trad. H. Gisbert, Paris, Payot & Rivages, 1999.
SARTORI Giovanni, *Théorie de la démocratie*, trad. C. Hurtig, Paris, Armand Colin, 1973.
SCHELER Max, *La Situation de l'homme dans le monde*, trad. M. Dupuy, Paris, Aubier Montaigne, 1979.
SEARLE John R., *Mind, Language and Society*, New York, Basic Books, 1998.
–, *Rationality in Action*, Cambridge, PIT Press, 2001.
SÉNÈQUE, *Lettres à Lucilius*, Paris, Les Belles Lettres, 1985.
SERRES Michel (avec Pascal PICQ et Jean-Didier VINCENT), *Qu'est-ce que l'humain ?*, Paris, Le Pommier, 2003.
SHAKESPEARE William, *Hamlet*, trad. Y. Bonnefoy, Paris, Mercure de France, 1988.
– *Macbeth*, trad. Y. Bonnefoy, Paris, Gallimard, 1985.
SLOTERDIJK Peter, *Règles pour le parc humain*, Paris, Mille et Une Nuits, 2000.
STANGERUP Henrik, *L'Homme qui veut être coupable*, trad. A. Albeck, Paris, Le Sagittaire, 1975.
STOCKTON Frank Richard, *The Lady, or the Tiger?* Édimbourg, D. Douglas, 1893.
VALCARCEL Amelia, RODRÍGUEZ MAGDA Rosa, *El sentido de la*

libertad, Valence, Institució Alfons et Magnànim, 2001.

VALÉRY Paul, *Regards sur le monde actuel*, Paris, Gallimard, 1992.

WATSON Gary (éd.), *Free Will*, Oxford, Oxford University Press, 1990.

WATZLAWICK Paul, *Vom Schlechten des Guten oder Hekates Lösungen*, Munich, Piper Verlag, 1986.

WELLES Orson, *Monsieur Arkadin*, trad. M. Bessy, Paris, Ramsay, 1989.

WHITE Alan R., *The Philosophy of Action*, Oxford, Oxford University Press, 1968.

XÉNOPHON, *Memorabilia*, Paris, Les Belles Lettres, 2000.

Table

Photocomposition CMB Graphic
Achevé d'imprimer sur Roto-Page
en septembre 2005
par l'Imprimerie Floch à Mayenne
pour le compte des Éditions Calmann-Lévy
31, rue de Fleurus, 75006 Paris

Dépôt légal : octobre 2005
N° d'éditeur : 13968/01
N° d'imprimeur : 63638
Imprimé en France